組織改革のプロ・コンサルが教える

会社が
生まれ変わる
5時間
授業

組織変革コンサルタント／
株式会社ジーンパートナーズ代表
仁科雅朋

standards

はじめに

この本は、会社を変えたいと切に願う経営者や、もっと組織の生産性を上げたいと考えている管理職の方々、さらにはチームのやる気を高めて、やり甲斐のある職場に変えたいと願う全てのリーダーのために**「組織を変革するためのノウハウ」**を大胆に書き下ろしたものです。

本書は、筆者がコンサルタントとして20年以上積み上げてきたノウハウを、実際に行った事例と講義スライドをもとに展開していきます。**さらには、現場のヒアリングから課題を抽出し、オーナーへの最終提案、クロージングを経て、プロジェクトをスタートさせて、紆余曲折を交えながら最終的には大きな成果を創出した、その軌跡を描いています。**

もちろんコンサルタントは、クライアントの情報を守らなければなりません。また、コンサルタントは知識だけではなく、実際のコンサルティングの現場から掴んだノウハウがとても重要です。コンサルタントの力量は、間違いなく現場経験に比例します。

またコンサルティング業界も競争が激しく、多くのライバルが存在します。

正直に言うと、この本の内容は、あまり公表したくありません。

ただ、私はクライアントの秘密を守りながらも、自分がこれまで培ってきたノウハウをみなさまにお伝えすることを選択しました。なぜなら、この本は、私自身がコンサルタントとして駆け出しの頃に、まさに知りたかった内容そのものだからです。


この本を通じて、できるだけ多くの人に組織改革の要諦を掴んでもらい、**「会社も人も、いつでも、いくらでも変えることができる」**ということをご理解頂きたいと思います。そして、何か一つでもピンときたら、ご自身の職場で活用して頂くことを願っています。

もちろん私もコンサルタントとして成長過程であり、まだまだ学び続ける立場にありますが、この機会に一度これまでの経験を振り返り、ノウハウとしてまとめてみました。最後まで読んでいただければ幸いです。

仁科雅朋

もくじ

Chapter

3

【コンサルティング実況講義】組織変革プロジェクト ～サニー社の事例～

Chapter 4

これからの組織に必要なこと

「全体は部分の総和に勝る」

―古代ギリシアの哲学者　アリストテレス―

Chapter 1

コンサルタントとは何か

01 コンサルタントにより専門性が違う

まず、この本で取り上げるコンサルタントの前提を共有したいと思います。「コンサルタント」と一概に言っても、実際にはさまざまな種類のコンサルタントが存在します。経営戦略コンサルタントやＩＴコンサルタント、人事労務コンサルタントや採用コンサルタントなど、それぞれが異なる専門分野を持っていますが、私は組織変革コンサルタントを専門としています。

図1をご覧ください。ここでは、コンサルティングの領域をハードケースとソフトケースに分けて説明しています。一般的に、大手のコンサルティングファームは主にハードケースに取り組んでいると考えていいでしょう。一方、私が関わるプロジェクトでは、ハードケースにある「業績向上」を目標に掲げながら、ソフトケースにある「組織再編」

▶図01／コンサルティングの側面

ソフトケース	ハードケース
◯組織再編 ◯組織風土改革 ◯経営ビジョン ◯パーパスの浸透 ◯ガバナンスの再構築 ◯人事評価制度の運用 ◯人材育成による組織力の高度化	◯新商品開発に向けた市場調査 ◯経営計画の立案 ◯業績向上 ◯コスト削減 ◯製造工程の見直し ◯オペレーション改革 ◯新事業開発

「組織風土改革」「人材育成による組織力の高度化」といったテーマを中心に、プロジェクト型のコンサルティングを行っています。そのため、現場での指導が中心となります。

要するに、私のスタイルは現場のメンバーをやる気にさせながら、業績の向上へと導くことです。これは友人の外資系の戦略コンサルタントから聞いた話ですが、多額の費用と長い時間をかけて調査分析をして提案した経営戦略が、実際に実行される確率は、40％に満たないとのことでした。

コンサルティングの分野によって、求められる役割や期待される成果は異なります。しかしどの分野のコンサルタントでもクライアントの期待に応え、成果を上げなければ雇われる意味がありません。つまり、コンサルタントは自分の専門分野においては相応の能力が求められます。

また、私のクライアントは中小企業よりも大企業が多いのが特徴です。中小企業に関わるコンサルタントは、顧問契約の形態で中長期的に雇われるケースが多いのではないかと思います。**一方、私の場合は、プロジェクト型のコンサルティングスタイルで、一年を単位として組織を変革し、目標達成に導くことになります。**

02

クライアントの違いにより変わるコンサルティング手法

中小企業と大企業ではいくつかの違いがあります。中小企業は社員の数が少ないため、一人ひとりが広範な業務を担当することが多いです。一方、大企業では部署ごとに役割が明確に分かれており、個々の仕事はより細かく分けられています。

また、中小企業では経営者の性格やリーダーシップが強く影響する傾向があります。そのため、コンサルタントは経営者の意識や考え方を変えることに力を注ぐことが多いです。一方、大企業では組織の課題を特定し、その改善に集中するのが一般的です。その結果、組織が円滑に機能し、生産性が向上し成果を上げることができます。

このように、組織変革を担うコンサルタントにもさまざまな分野があります。この本では、それらの違いをご理解頂きながら、私が扱う領域のコンサルティングのノウハウをお伝えしたいと思います。**ただし、企業の大小や業種に関わらず、すべての企業には必ず問**

題があり、ほとんどの問題は人間関係に起因しています。

そのため、この本はコンサルタントを目指す人にも、経営者やリーダーのみなさまにも役立つ内容をご提供できると思います。さらに、人と組織を良い方向に導くために日々奮闘されているみなさまにお役立て頂けると確信しています。

Chapter

2

コンサルティングの概要

01 本書の事例のコンサルティング

本書では、私が実際に担当した某飲料メーカーの事例をベースに、講義の実況形式でコンサルティングの内容を解説していきます（業種や社名、個人名は実在のものとは変えています）。以前にこの親会社に対して行ったコンサルティングが予想以上の成果を上げたため、今度はその子会社の組織変革を頼みたいとのことから始まりました。

当時のこの親会社のコンサル課題は、要するに組織がチームとして機能していなかったことです。目標はあるものの、取り組みがバラバラで、本来やるべき仕事ができていない状況でした。その結果、営業部のメンバーはクライアントの要望に振り回され、問題が先送りにされていました。これはよくある組織の機能不全の例です。つまり、組織として持っている力を十分に発揮できず、仕事が個人に依存し、忙しいけど成果が上がらないという悪循環の状態でした。

このような場合は、まずはメンバーに現状の不満を話させ、問題を包括的に把握し、そこから真の問題を特定し、その解決に向けて進めることが重要です。

その際のポイントは2つあります。1つは真の問題を特定することであり、もう1つはその問題を解決した場合のメリットをチームメンバーに共有することです。これら2つをしっかりと押さえることで、組織は役割を再認識し、本来の能力を発揮し始めます。

組織とは人々の集まりですが、ひとたび歯車がかみ合い、正常に動き出せば、個々の能力の総和以上の力を発揮します。**これを別の言葉で表現すると「集団的知性の創発」といいます**。一度この集団的知性が活性化すると、チームは1つの意識体として動き始めます。これがチームとしての理想の状態であり、高い生産性を発揮する要因なのです。つまり、この集団的知性をいかに引き出すかが、コンサルタントとしての腕の見せ所というわけです。

今回の事例も同様に、まずはチームの一体感を醸成し、集団的知性を引き出すことを目指します。ぜひ本書を通してチームの一体感がもたらすドラマチックな体験をお楽しみ頂き、ご自身の職場で活かしてみてください。

02 プロジェクトの基本的な流れを理解する

では、まず組織変革プロジェクトの全体概要を俯瞰してみましょう。組織を変革する方法はいくつかありますが、ここでは私が通常行っている手順をご紹介します**（図2）**。

❶現場をヒアリングして問題を発見する

プロジェクトを始める前に、まず組織内の問題を特定することが重要です。**そのためには、主要メンバーとのヒアリングを行い、現場で起きている具体的な問題を包括的に把握する必要があります**。

ヒアリングは、真の原因を見つけ出すためのひとつの手段です。直ちにオーナーの見解だけを鵜呑みにせず、現場のメンバーとのヒアリングを経て、組織の課題感を掴みます。

なぜなら、経営層から見えている問題と現場が抱えている問題は、往々にしてギャップが

▶図2／組織変革プロジェクトのプロセス

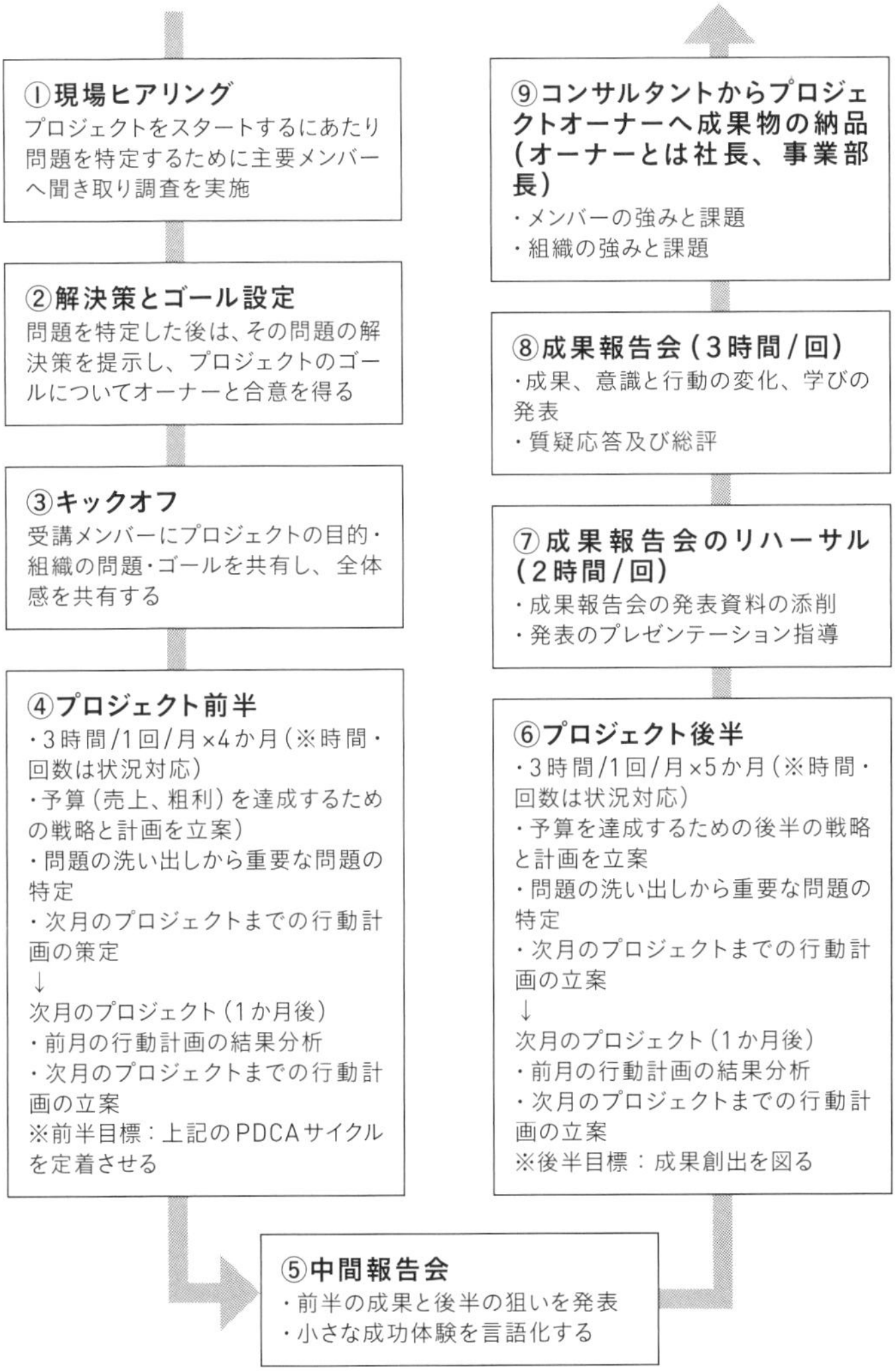
①現場ヒアリング
プロジェクトをスタートするにあたり問題を特定するために主要メンバーへ聞き取り調査を実施
②解決策とゴール設定
問題を特定した後は、その問題の解決策を提示し、プロジェクトのゴールについてオーナーと合意を得る
③キックオフ
受講メンバーにプロジェクトの目的・組織の問題・ゴールを共有し、全体感を共有する
④プロジェクト前半
・3時間/1回/月×4か月（※時間・回数は状況対応）
・予算（売上、粗利）を達成するための戦略と計画を立案）
・問題の洗い出しから重要な問題の特定
・次月のプロジェクトまでの行動計画の策定
↓
次月のプロジェクト（1か月後）
・前月の行動計画の結果分析
・次月のプロジェクトまでの行動計画の立案
※前半目標：上記のPDCAサイクルを定着させる
⑤中間報告会
・前半の成果と後半の狙いを発表
・小さな成功体験を言語化する
⑥プロジェクト後半
・3時間/1回/月×5か月（※時間・回数は状況対応）
・予算を達成するための後半の戦略と計画を立案
・問題の洗い出しから重要な問題の特定
・次月のプロジェクトまでの行動計画の立案
↓
次月のプロジェクト（1か月後）
・前月の行動計画の結果分析
・次月のプロジェクトまでの行動計画の立案
※後半目標：成果創出を図る
⑦成果報告会のリハーサル（2時間/回）
・成果報告会の発表資料の添削
・発表のプレゼンテーション指導
⑧成果報告会（3時間/回）
・成果、意識と行動の変化、学びの発表
・質疑応答及び総評
⑨コンサルタントからプロジェクトオーナーへ成果物の納品（オーナーとは社長、事業部長）
・メンバーの強みと課題
・組織の強みと課題

あるからです。この相互のギャップの中に真の問題が隠れているケースが、多く見られます。

ここでひとつ、質問。コンサルタントは誰にコミットメントするべきでしょうか？

もちろん、プロジェクトオーナーに対してコミットメントすることも大事なことですが、オーナー（※）の問題認識がズレている場合もあります。**私の考えは、個々の人間ではなく、「組織が本来あるべき姿」に対してコミットメントするべきだということです。**

つまり、コンサルタントがコミットすべきは、オーナーにとって都合のいい組織ではなく、集団的知性が発揮される、人を活かした組織運営であるべきです。

そういう意味では、短期的な売上の達成は単なる通過点に過ぎません。もしオーナーがまだ、この重要性を理解できていないようならば、根気よく話してみてください。改めて組織が目指すべきビジョンをオーナーと思い描くことは重要です。

話を元に戻します。要するに、現状とあるべき姿とのギャップが問題であり、その中でも組織の機能を妨げている問題が真の原因となります。**真の原因を特定するためには、現場で働く人たちへのヒアリングが必須です。**

ヒアリングを通して、問題の真因を特定できるかどうかが、その後のプロジェクトの成否を左右する重要な要素となります。

（※ここでいう「オーナー」とは経営者や経営幹部、事業部長などプロジェクトの依頼人のこと）

❷解決策とゴールの合意を得る

このフェーズが実質のプロジェクトを行うか否かの、意思決定の場面になります。ヒアリングから見えた問題とその問題に対する解決策を、オーナーに納得させられるかどうかがポイントになります。

そのためには、オーナーの問題意識と現場ヒアリングの情報をロジックツリーで要素分解し**（図3）**、真の問題を特定します。この作業を納得いくまで繰り返し、問題の本質をあぶり出します。

問題の本質が特定できたら、その後は、ピラミッドストラクチャーで提案の論旨を組立て、魅力的な提案書をつくりあげます**（図4）**。ここはコンサルタントの腕の見せ所です。プロジェクトがスタートできるかどうかの第一の関門になります。

▶図3／ロジックツリー

問題の要素をツリー状に分類して真の問題を特定する

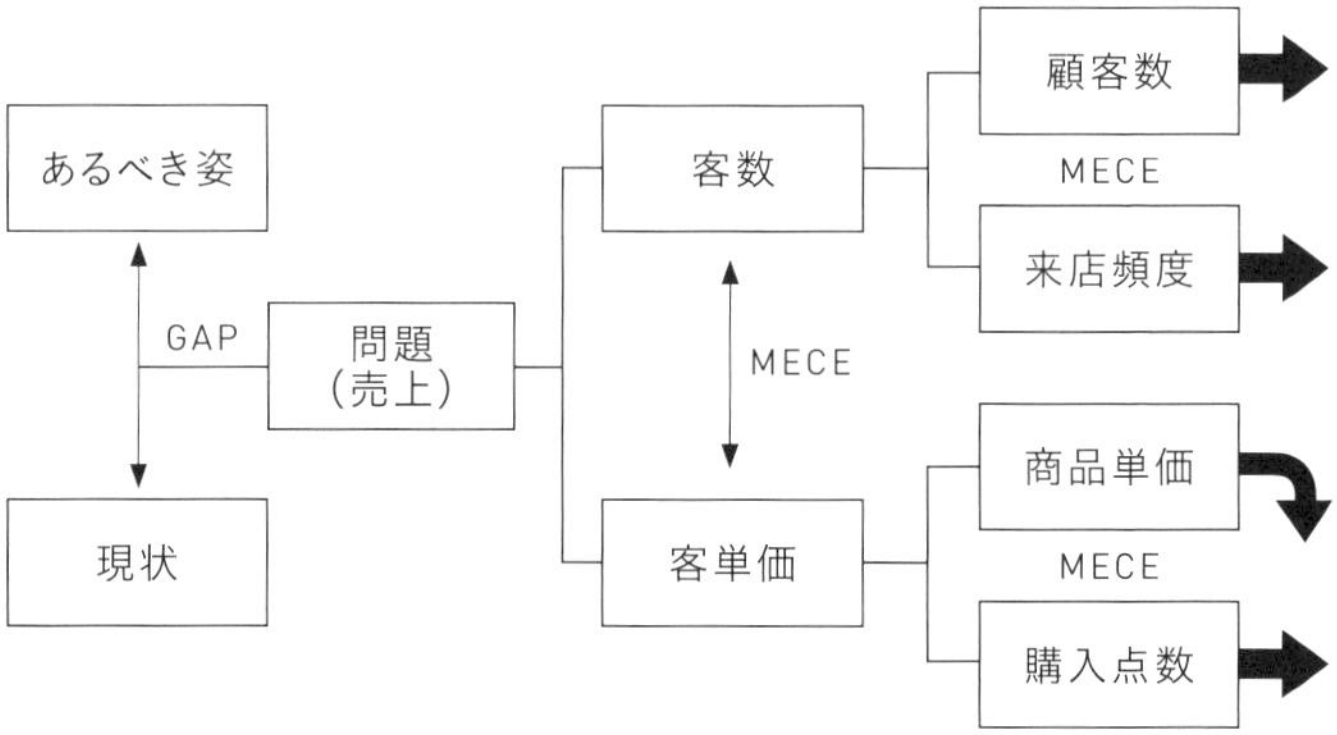

▶図4／ピラミッドストラクチャー

相手が納得する答えを導く

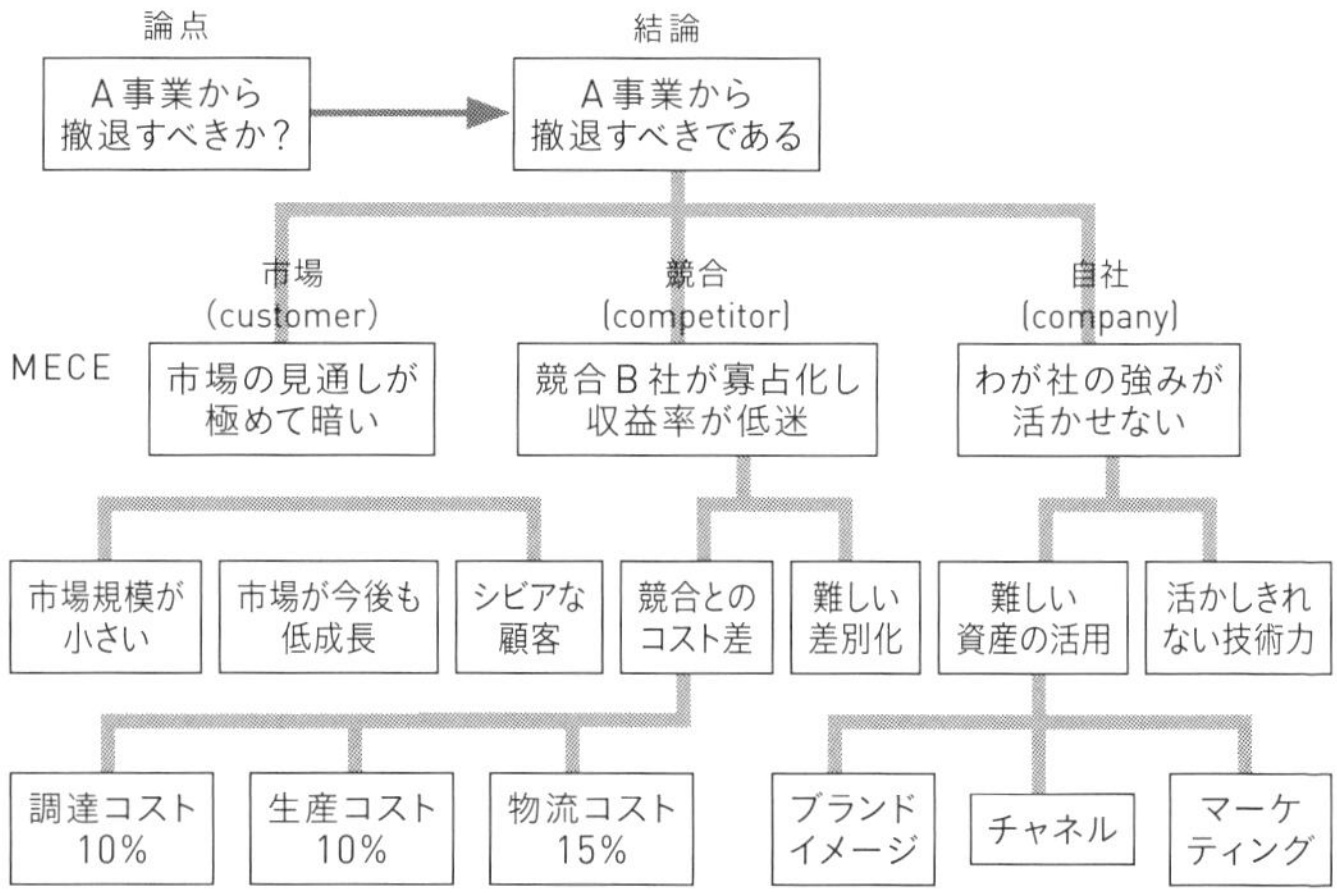

❸キックオフでメンバーの心を掴む

このキックオフでは、プロジェクトメンバーと正式に対面することになります。ここで重要なのは以下の3つです。

1つ目、このプロジェクトを行う理由を明確に伝えることです。なぜ、このプロジェクトを行うのかをしっかりと理解してもらいます。プロジェクトの目的を明示し、メンバーにプロジェクトの意義を伝えます。

2つ目は、これまでのヒアリングから浮かび上がった問題をメンバーに提示することです。この問題を解決することが、会社にも参加メンバーにとっても意義があることを理解してもらいます。もし、ここで提示した問題について、現場のメンバーとの間で認識がズレていれば、仮説の建て直しです。いや、その時点でゲームオーバーです。なぜなら、問題を解決するために行うプロジェクトなのに、そもそもの問題がズレていれば、もはやプロジェクトを実行する意味がないからです。

さらにいうと、その問題が的を射ていたとしても、その伝え方を間違えたら、反発されることもあります。そもそも自分たちの問題を目の前に突きつけられて、良い気分になる人はいません。逆に、この問題は確かに自分たちの問題であり、解決すべき問題であるとしっかりと認識してもらえたら、メンバーの参画意欲は一気に高まります。ここで賛同を得られるかどうかが、第二の関門になります。

3つ目は、他社の組織変革の成功事例を紹介することです。必ずしもキックオフの機会でなくとも構いませんが、早い段階で他社の成功事例を示すことで、上記の問題を解決できるという期待感を喚起することが重要です。プロジェクトが始まる前と後の変化を見せることで、自分たちもやれる、変われるという意識を持ってもらいます。

以上の3つのポイントを押さえて、メンバーの参画意欲を高めます。私はこのキックオフが非常に重要だと考えています。このキックオフでコンサルタントがメンバーからの信頼を得て、期待感を引き出すことができるかどうかが、プロジェクトの成否を分けるといっても過言ではありません。

またキックオフではメンバーの肩書や年齢構成、男女比率などに合わせて、伝え方も工夫します。ベテランの方が多い場合は、これまでの仕事人生に敬意を払い、変革に力を貸して欲しいということを伝えます。若手が多い場合は、このプロジェクトの一員として、組織変革に参画することは大変意義のあることであり、今後の仕事人生において大いにプラスになることお伝えします。

このように、私がこのキックオフを重要視しているのには理由があります。**多くの場合、コンサルタントが参加メンバーから諸手を挙げて迎えられることはないからです**。なぜなら、これまでの自分たちの仕事ぶりが至らなかったから、外部コンサルタントの指導を受けることになったという感覚が否めないからです。だからこそ、最初の顔合わせで、できるだけ良い印象を勝ち取り、信頼感を高めることが重要です。

以上のように、コンサルタントは上記の3つのポイントを慎重に検討し、周到に準備する必要があります。そして、上記3つのポイントに加えて、私が大切にしている信条があります。**それは外見にこだわるということです**。

例えば、当日着るスーツなどは慎重に選びます。業界や参加者特性を鑑みて、服装は華美すぎないか、時計は目立ちすぎないか、ネクタイの色は場に合っているかなど、身だしなみに気を配ります。製造系なら紺色に白のワイシャツ、控えめな色のネクタイを選び、真面目で誠実な印象を演出します。この場合は日本製の時計をしていくことが多いです。

逆にIT系の若手が多いような場合は、ブランドのスーツにサックスのワイシャツ、外国製の時計をはめて、現場の若い人に「こういう格好をしてみたいな」と思ってもらえるような服装を心掛けます。

ちなみに、私は夏でもメンバーの前でネクタイを外すことはありません。**それは第一印象を維持するためと、リーダーとしてブレない姿勢を伝えるためです**。このような姿勢を見せるだけでも、この人について行けば大丈夫、という感覚を抱いてもらえるのです。

外見よりも中身が重要なのは当然です。この中身をより深く理解させて、実行させることができるかどうかが、コンサルタントに問われているのです。コンサルタントは見られる立場でもあります。能力があるか否を即座に判断されてしまうのです。

リーダーの任務は、メンバーをゴールに導くことです。そのためにはメンバーの心を動かす必要があります。メンバーの心を動かすのは、リーダーの影響力に他なりません。その影響力を高めるために必要な武器は有効に使うことです。この外見にこだわるという私の信条は、決して格好をつけるためでも、おしゃれを演出するためでもありません。只々、目的を成し遂げるためなのです。

補足的な話ですが、心理学の「メラビアンの法則」をご存知でしょうか。人が外界から受ける影響は視覚情報が55%、聴覚情報が38%、言語情報が7%を占めているという法則のことです。特に第一印象では人柄よりも、見た目が強く影響します。例えば、初対面のコンサルタントが、ネクタイもせずに、よれよれのワイシャツを着て、磨かれていない靴、手入れのしていない鞄をもって現れたらどうでしょうか。このような人に自分の悩みを相談したいと思いますか？ 自分の身なりさえ気遣うことができないコンサルタントが組織変革のリーダーとして受け入れられるのは、なかなか難しいのではないでしょうか。

人間は誰でも見た目で人を判断してしまいます。これは自分の身を守るための生存本能なので仕方ありません。良いも悪いもありません。本能とは頭で判断するものではないのです。ゆえに、私は外見から良い印象を与えるように心掛けています。

❹プロジェクトの前半で変化の体験を作る

キックオフが成功裏に終わると、いよいよプロジェクトがスタートします。前半のプロジェクトでは、以下のポイントを押さえる必要があります。

まず、キックオフで提示した問題を、課題に落とし込むことです。ここで、問題と課題の違いを補足します。**簡単にいうと、問題とは、目標（あるべき姿）と現状のギャップのことです。**

例えば、今期の目標が１００億円であるのに対して、現状は90億円しか達成していない場合、不足している10億円が問題となります。課題とは、この10億円がなぜ足りないのかを分析し、解決すべきポイントまで掘り下げたものです。この問題を論点、課題をサブ論点と表現することもあります。ここで重要なことは、解決策が見い出せるまで問題を掘り下げることです。**このプロセスを「課題形成」と呼びます**。

課題が特定できたら、その課題に対する解決策を考え、実行計画を立てます。次回のプロジェクト開催日までに計画を実行し、その結果を振り返ります。前半戦では、このPDCAサイクル（Plan→Do→Check→Act）を定着させます。

このサイクルを回すことにより、やがてチームとしての小さな成功体験が生まれます。この小さな変化を体験させることが重要です。なぜなら人はなかなか変われないからです。組織になるとなおさらです。最初から大きな変化を強要しても、不安と恐怖が先行し、実行するのは難しいでしょう。しかし小さな変化は受け入れることができます。**この小さな変化の積み重ねが、後半の大胆な変革へとつながります**。ここを意識的に導くことが前半の重要ポイントになります。

❺中間報告会で活動内容と課題を特定する

この中間報告会では、前半の活動内容と成果、そして課題について報告します。前半で大きな成果を上げることは稀ですが、それでも組織に起こった変化や新たな行動について振り返り、整理をすることは非常に重要です。**つまり、中間報告会の目的は、前半の活動が組織に変化をもたらしていることを再認識することです**。

この報告会では、メンバーからの報告に対して、オーナーを含むオブザーバーの方々から質問やコメントを受けます。前向きなコメントはメンバーのやる気を高める一方、厳しいコメントも後半戦の改善につながります。どちらのコメントも歓迎する姿勢で臨むことが大切です。**重要なのは成果だけでなく、自分たちが達成できていない課題は何かを明確に述べることです**。つまり、現状の課題を明確にすることです。

オブザーバーは発表内容の至らない部分に目が行きがちです。なのでオブザーバーから指摘をされる前に、自分たちはまだ解決できていない課題を認識している、理解しているということを伝え、後半ではその課題解決に力を注ぐという宣言をするのです。そうすれば、オブザーバーの納得感と期待感が高まるのです。

逆に課題を明示せずに、できたことだけに焦点を当てて発表をしてしまうと、余計にできていない部分が浮き彫りになり、オブザーバーの不信感を買う恐れがあります。中間報告会では成果だけでなく、課題の認識、意識と行動の変化をしっかり伝えましょう。

❻プロジェクトの後半は成果創出を狙う

いよいよプロジェクトの後半戦です。ここでは、もちろん成果創出を狙います。前半戦で変化を起こすことには慣れてきたので、その経験がコンフォートゾーンを超えるのを容易にするはずです。繰り返しになりますが、変化を経験してない組織に、いきなり大きな変化を求めてもうまくいきません。そのため、小さな変化に慣れておくことが前半の目標でもあったのです。

ここで、コンフォートゾーンについて解説します（図5）。**コンフォートゾーンとは、心理的に快適でストレスが少なく、安心して落ち着いていられる状態を指します**。仕事においても、経験が豊富で、自分の実力の範囲でできる仕事をしている時は、このコンフォートゾーンの範囲にいるというわけです。

しかしながら、個人も組織もこのコンフォートゾーンに留まることは一時的には快適で安心感を得られますが、長期的には成長を阻害することにもなります。成長や学びは新しい経験や挑戦によってもたらされるので、コンフォートゾーンを越えて新しい領域に踏み

▶図5／コンフォートゾーン（人間心理）

コンフォートゾーンとは「安全領域・快適領域」を指すの事。ストレスや恐れ、不安を感じることがなく安心して過ごせる環境のこと。
⇒本プロジェクトは左の「快適領域」から抜け出し右の「成長領域」へ導く。

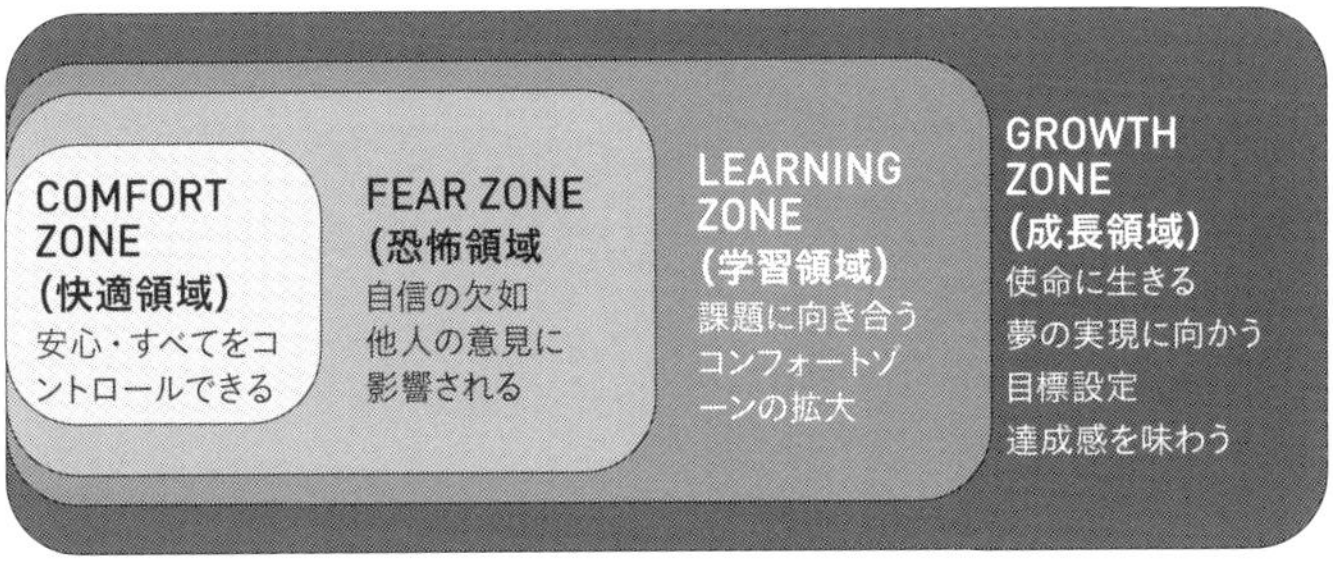

込むことが必要です。

そしてコンフォートゾーンを拡大することは、新しいスキルを習得したり、新しい環境に適応したりする際にとても重要なのです。少しずつ挑戦することで、自己成長を促進し、より幅広い経験を得ることができます。

ただし、急激な変化や、無理な挑戦はストレスを増やし、逆効果になる可能性もあります。あくまでも小さな変化から始めて、バランスを見ながらコンフォートゾーンを広げることが大切です。

上記のようにメンバーの心理状態を推し量りながら、後半戦ではさらに大きくコンフォートゾーンを超えるようメンバーを導いていきます。特に後半は、以下のポイントに焦点を当てて進めます。

○成果を出すために何ができるのかを徹底的に議論する
○チームで知恵を出し合い、集団的知性を高める
○心理的安全性を高め、自由に意見が言える風土を醸成する
○より具体的な実行計画を立案する
○お互いの成功事例を共有する
○競争意識を高める

これらのポイントを意識しながら、メンバーの士気を高めていきます。このように目標の達成に対して、変化を起こし、一体となってプロジェクトが進んでいくと、不思議なことが起こります。**セレンディピティ（偶発的な幸運）ともいえる出来事が起こるのです。**どのプロジェクトでも必ずこの不思議な現象が出現するのです。

私は集団的知性の創発とセレンディピティには相関関係があるのと考えています。コンサルタントとは、あくまで論理的であり、現実的であらねばならないと思います。誰よりも目標を達成するために戦略を考え抜き、戦術に落とし込む人であるべきだと思います。

しかし目に見えないものを見る力、要素還元主義では見失ってしまう気配やチームが発する空気を感じることは、それ以上に重要なことであるとも思うのです。私はこのセレンディピティを信じているからこそ、毎回のプロジェクトの成功を確信しているとも言えます。集団的知性が発揮されるほど、このセレンディピティの出現率は高まるのです。

これについての詳細は次章の実況の講義で解説します。

❼成果報告会でメンバーの成長と今後の課題を発表する

後半のプロジェクトも終了し、残るのは成果報告会のみです。私は、**中間報告会と成果報告会をプロジェクトに組み込むことをお勧めします**。その理由は、オーナーへの成果報告はもちろんのこと、メンバーにとってもこれまでの活動を整理し成長実感を得る機会になるからです。また、自分たちの活動の成果を確認し、自信を持ってプレゼンテーションすることは、仕事人生でそう経験できるものではありません。

この体験はメンバーにとって今後の成長の糧となり、更なる飛躍に向けての機会となります。そのためには、成果発表会に向けてしっかりとリハーサルを行うことが重要です。自分たちの言葉で成果を語り、自信を持ったプレゼンテーションができれば、オブザーバーからの質問はほとんど出てこないでしょう。そのような成果報告会が行われた時、プロジェクトのメンバーもオーナーも「やって良かった」と感じることでしょう。この瞬間を最高のものに仕立て上げるために、十分なリハーサルを行い、資料やプレゼンの組み立てにも、しっかりと指導をすることが大切です。

❽オーナーへの総括と課題提案でプロジェクト完了する

プロジェクトが終了し、これまでの活動と成果をオーナーに報告します。**ここではプロジェクトを通して見えた組織の強みと弱みを伝え、メンバーの今後の成長ポイントを報告書として提出します。**組織と人は経験を通じて成長します。成功を体験することで、更なる成長が促進されます。そして成長するからこそ、新たな課題も見えてきます。

報告書では今後の成長ポイントと課題を明確にし、今後どのように指導すべきかを示して、全体をまとめます。この報告書をオーナーに提出して、プロジェクトは完了です。

Chapter

3

【コンサルティング実況講義】組織変革プロジェクト

~サニー社の事例~

01 サニー社のクライアント情報

この章では、いよいよ現場でのコンサルティングの再現事例をご紹介していきます。実践に沿った形でストーリーを展開していきます。事例としてサニー社という架空の企業を設定していますが、内容はこれまで実際に行ってきたコンサルティングを忠実に再現しています。これからコンサルタントを目指す方や駆け出しのコンサルタントのみなさまには、ぜひ参考にしてみてください。そして「守破離」のステップで、ご自身のノウハウとして発展させていただければと思います。

■クライアント企業情報

・社名：株式会社サニー
・業種：飲料メーカー

・設定：大手食品会社（オレンジカンパニー株式会社）の子会社
・規模：年商３５０億円
・社員数：４００名
・組織風土：トップダウン型
・特徴：親会社からの出向組が多い

■コンサルティング依頼背景

・問題：業績が赤字に転落しつつある

■プロジェクト対象

・対象：営業部門（ＣＶＳ課）
・課題：コンビニ担当チームの売上減

■プロジェクト期間とゴール

・目的：業務の効率の仕組み化
・目標：業績の黒字化
・期間：１年間

02

サニー社の社長との面談で問題認識を共有する

オレンジカンパニーの板垣常務からはサニー社へのコンサル支援にあたり、以下の点を留意して欲しいと言われました。

○オレンジカンパニーからの出向組とサニー社のプロパー社員との間に壁があること
○全体的に指示待ち型の社員が多くいること
○部門間の連携がうまくいっていないこと
○新商品の発売がうまくいっていないこと

上記の情報を受けて、サニー社の岡田社長と面談をすることになりました。サニー社はもともと独立系の飲料メーカーで、自社ブランドの商品もありますが、主にプライベートブランド（以下ＰＢ）やＯＥＭ開発を主戦場としてきました。しかし、競合も多く、業績が厳しくなってきた5年前に、大手食品メーカーのオレンジカンパニーが支援に入り、その子会社となりました。そして2年前にオーナー一族が退陣し、新たにオレンジカンパニーから岡田社長が送り込まれてきたというのが、大まかな経緯になります。

岡田社長は経営企画のキャリアが長く、組織力の再構築を期待されての社長就任でした。

2時間程、サニー社の現状や問題をお聞きし、新たに以下の問題が浮かび上がってきました。

○方針を打ち出しても、浸透せずに社員が思うように動いてくれない
○前社長がかなりのトップダウンだったために、自ら考えて動こうとする社員が少ない
○オレンジカンパニーからの出向者が社員の3割を占めるが、出向組のモチベーションが低い
○前社長退陣とともに、有望な社員が数名退職してしまい、組織力が弱まった
○売上の30％を担うコンビニエンスストア（以下ＣＶＳ）を担当するＣＶＳ課の業績

が厳しい

◯このままだと次年度は赤字になる可能性が高い

右記の問題を念頭に置きながら、主要部署へヒアリングを行うことになりました。

03
事前ヒアリングで問題を浮き彫りにする

ヒアリングは営業本部、CVS課、茨城工場、管理本部、マーケティング開発部、品質管理部を中心に実施することになりました。このヒアリングには3つの目的があります。**第一に、現場のメンバーから直接問題を聞き取ることで、問題の本質を把握することです。**次に、**メンバーの態度や言動から会社への不満のレベルを見極めることです。**

多くの社員は何かしらの形で会社や上司への不満を抱えているものです。私はこの不満を否定するつもりはありません。むしろその不満をどのように刺激すれば変革の糧にできるのかを考えます。仮に不満に勢いがあれば、それを原動力としてより力強く、より直接的にメンバーを問題解決に向かわせることができます。

一方で、不満に勢いがなく、諦め感が強い場合は、変革に時間がかかる場合が多いです。つまり不満のレベルがプロジェクトの成功に作用するということです。

そして、3つ目の目的は、このヒアリングの機会を活かして、メンバーを動機付けることです。コンサルタントの話に興味を持ってもらうだけでなく、自ら今回のプロジェクトに参加したいという意欲を引き出すことが重要です。これらの目的を念頭に置いて、ヒアリングに臨みます。

❶営業本部　―厄介な人物への対処法―

■営業本部長：中村英雄

「本日は貴重なお時間を頂き、ありがとうございます。コンサルタントの仁科と申します。どうぞよろしくお願いいたします」と丁寧に挨拶を交わし、ヒアリングを始めました。中村営業本部長は半年前にオレンジカンパニーから出向してきた方です。生粋の営業マンで恰幅もよく、饒舌でしたが、時折こちらを品定めするような目つきを見せるので、私は終始笑顔を絶やさないように心掛けました。

しばらくの間、話を聞いていると、自分が本社から建て直しのために送り込まれたにもかかわらず、外部のコンサルタントが横槍を入れるのをあまり好ましく思っていないようでした。これは非常によくあるケースで、相手の立場で考えれば理解できることです。

なぜなら、自分が行ってきたこれまでの取り組みや、今後の計画が否定されたかのように感じるからです。しかしこちらは社長の指示を受けてコンサルティングの支援に入るので、無下にもできません。この時の本部長の心情としては、「お手並み拝見しますよ」という傍観者的なスタンスだったと思います。

そうした状況でのヒアリングでしたが、本部長からは以下の課題を聞き取ることができました。

○指示待ちのメンバーが多く、売り込む意識が弱い
○提案力が不足しており、新商品の導入が進まない
○社内にいる時間が長く、営業活動の時間が少ない

これらの問題を聞き取った後、私から本部長には次のようなお願いをしました。

「本部長の協力なしにはプロジェクトは成功しませんので、力を貸して頂きたいです。コンサルティングの進捗状況を随時共有しますので、メンバーの意識改革を後押ししていただけると助かります」

コンサルティングの現場では微妙な心の動きが成否を左右します。言動には細心の注意を払い、協力者を巻き込んでいくことが重要です。**そのためには、敵対することなく、誰に対しても敬意をもって接することです**。コンサルタントは決して偉い存在ではなく、誰に対しても組織変革の支援を手伝わせていただいているという謙虚な姿勢で接することが大切だと私は思います。

❷CVS課　―主要メンバーへの動機付け―

ここで登場するCVS課のメンバーこそが、今回の組織変革プロジェクトの中心的なメンバーになります。**後に彼らが、赤字へと転落しそうな停滞した組織の問題に大胆に切り込み、サニー社の業績をV字回復へと躍進させます**。彼らのビフォー&アフターがどう変化するのか、何がきっかけとなり成功へと導かれるのかをじっくりと省察してください。

以下、順次対象メンバーとのヒアリングから見えた人物像や課題感を記述致します。

■次長：池田一平

池田次長はオレンジカンパニーから2年前に出向してきた方です。以前にオレンジカンパニーへコンサルティングを行った際に、何度かお会いしたことがありました。当時は優秀なセールスマンで、実力もあり、将来の幹部候補として有望視されていました。その後、負けん気も上昇志向も強かったことが裏目に出て、業績の悪い部下への指導が過激になり、パワハラが社内で問題になっていたようです。次第に、社内での評判も悪くなり、結果的にサニー社に出向することになったというのが経緯のようです。

オレンジカンパニーとしては、サニー社を買収して子会社化したものの、業績が低迷し、本社のお荷物的な存在であったのは否めません。要するにサニー社への出向を命じられた時点で、左遷に近い感覚があったように思います。全体の3割を占める出向組のモチベーションが低いのも、多くはそのような背景があるようです。出向組が多く占める役職者のモチベーションが低ければ、組織全体の士気は停滞します。

そのような背景もあり、私は以前から面識のあった池田次長に、事前に今回の組織変革の協力を仰ごうと、行きつけの小料理屋にお誘いしました。お互いに久しぶりの再会だったので、話も盛り上がり、いろいろとサニー社の現状をお聞きすることができました。そのような中で、以下の課題感が浮かび上がってきました。

○営業なのに数字の管理もできていない
○CVS担当は商品開発のやり方を理解していない
○市場と顧客の分析をするよう指示を出しているがいつまで経っても上がってこない
○営業組織としての体がなっていないので、業績回復はなかなか難しいのではないか

中村営業本部長同様に、問題認識はあり、現状何ができていないのかはある程度理解されているようでした。ただ気になったのは、話しぶりが終始評論家のようで、どこか冷めた目で上から眺めているような感覚でした。サニー社への出向に至った背景を事前に聞いていたこともあり、組織変革の協力を仰ぐというよりは、今回のプロジェクトからは距離を置いてもらった方がいいかもしれない、とその時に感じました。

火の粉の当たらない場所から批判することは簡単です。しかしそのような人物は変革の力になりません。**組織を変革するには個人のエゴイズムではなく、チームの一体感が必要です**。逆に、組織の分離を助長するような人物はできるだけ遠ざけた方がいいというのが私の考えです。

私は別れ際に、貴重な情報を教えて頂いたことに丁寧に御礼を言いました。この日を境に、私の中では少しずつ、プロジェクトの体制と変革すべきポイントが見え始めました。

■アドバイザー：内藤雅貴

内藤氏は半年前にサニー社で定年を迎えた方なのですが、旧知の仲である岡田社長のたっての意向で、嘱託社員として雇用された人物です。内藤氏も元オレンジカンパニーの方で、かつてはオレンジ物流の社長を務めていたこともあります。そのため、他のオレンジカンパニーの出向者とは異なり、経営者目線で客観的にサニー社を見ていました。

そして、残された時間をサニー社の発展のために貢献したいと考えているようでした。ただ立場上、自分が前に出てぐいぐいと組織を牽引するよりも、なるべくメンバーが主体的に動けるように、働きやすい環境を整えることに重きを置いているようでした。そして内藤氏とのヒアリングから以下のポイントが見えてきました。

- 全社売上の30％を担っている部署であるが、営業のレベルが高いとは言えない
- サニー社の良い点はスピード感があり、小回りが効くところ
- 売上構成比から見た時にＣＶＳ担当の人数が少ない

○工場、マーケティング開発、品質管理との連携が悪い

このように、内藤氏はサニー社の強みと弱みを分析しており、経営者らしい視点をお持ちのようでした。**この時点で私は、内藤氏が変革のキーパーソンの一人になりそうだと直感しました。**

■L社のCVS担当：今井美緒

今井氏は入社以来、CVS課に在籍して、今年で入社9年目になります。中堅社員で頭の回転も早く、とても明るい印象です。他部署との関係がうまくいかずに苦労しているようです。また、自部署内の協力体制も希薄で、ひとり孤軍奮闘している印象があります。

今井氏とのヒアリングから以下のポイントが浮かび上がりました。

○今期は商品の改廃があり、売上は横ばい
○PB案件を受注するためには、工場との生産調整が必要だが、現状はスムーズに進んでいない

◯確実にＰＢ案件を受注するためには、開発、生産、品質管理の協力が不可欠
◯ナショナルブランド（以下ＮＢ）商品は競合も多く、提案しても利益が薄い
◯スピード感を持って取り組んでいるが、常に品質管理部の最終ジャッジが遅い

私は相手の話を遮らず、共感しながら聞いていました。今井氏は心を開いて組織の問題を話してくれました。今井氏とのヒアリングを通じて新たな問題も明らかになりました。**ヒアリングの最後に私からのアドバイスとして、問題のない組織は存在しないが、多くの場合、問題が解決されずに先送りされていると伝えました。**そして、このプロジェクトでは重要な問題解決に向けて、今井氏の力を必要としている旨を伝えました。

■S社のＣＶＳ担当：佐藤純一

佐藤氏は今井氏のひとつ上の先輩で、入社10年目になります。ＣＶＳ課の売上の40％を担う若手のホープです。ヒアリング当初の印象は真面目で、責任感がとても強い方と感じました。佐藤氏の今後の動きがプロジェクトを左右するのは間違いありません。

私は今回も丁寧に挨拶をしてヒアリングを始めました。佐藤氏が何に課題を感じ、何を改善すれば業績が上がると考えているのかを知るために、慎重に質問しながらヒアリングを進めました。その結果、以下の課題が浮かび上がりました。

○ＣＶＳ課の売上の90％はＰＢ商品である
○受注確率を上げるために他部署と連携し提案書をさらに磨く必要がある
○今後の業績向上の鍵は、営業と開発、生産の協力体制を築くこと
○担当者レベルでは話し合っているが、部長同士のコミュニケーションがうまくいっていない

佐藤氏は決して饒舌ではありませんでしたが、率直に現状の問題点を共有してくれました。これにより、新たな組織の問題が浮き彫りになりました。ＣＶＳ課は全社売上の30％を占め、その中でＳ社が40％の売上を担っているという状況です。**私はメンバーの中でも特に佐藤氏にテコ入れすることで、全社の改革に影響を及ぼすことができるのではないかと考えました。**

■F社のCVS担当：近藤和樹

入社3年目の近藤氏は、若さもあり率直な物言いで、現状の不満と課題を語ってくれました。周囲からのプレッシャーの中、やる気を保とうとしている反面、相応のストレスも感じているようでした。彼のこの時の心情と課題感を以下に記述します。

○CVSは納期とのせめぎ合いで、精神的なプレッシャーが強い
○現状は新しい提案はできておらず、既存品のリニューアルにとどまっている
○売上が30億ある顧客を若手の自分が1人で担当しているのは会社の体制としてどうかと思う
○F社担当の人数が増えれば作業的な仕事が減り、新規提案に時間が割ける
○社内の関係部門の繋がりが弱い
○打ち合わせや無駄な資料が多い
○みんなが自分のことで手一杯で、周囲に相談できる人がいない

■課長（プロパー）：戸田直哉

戸田課長は新卒からサニー社に入社し、売上が約50億円の規模から発展してきた歴史を経験しています。サニー社の組織風土と問題の本質が浮き彫りになったヒアリングでしたので、ここでは戸田課長の発言を再現します。

「サニー社は中小企業の延長線上で成長してきた会社です。未だに中小企業体質は変わっていません。しかし数年前にオレンジカンパニーの子会社となり、大手企業ならではの厳しい品質をクリアせねばならなくなりました。子会社になってからは、いろいろ戸惑いを感じながら仕事を進めてきたというのが本音です。

また、オレンジカンパニーから出向してくる人々の多くは、サニー社へ左遷されたような感覚を持っているようです。残念ながら、彼らからやる気を感じません。彼らは評論家のような発言をすることが多いです。自ら矢面に立って問題を解決しようとする人はほとんどいません。

正直、池田次長とは、あまりうまく行っていません。むしろ、池田次長との接触はできるだけ避けたいとさえ思っています。彼は常に上から目線です。若い部下たちは彼と一緒にいたくないと口にしています。

また、部下の功績を自分の手柄のように本部長に報告することもあります。そんなわけで池田次長も私を疎ましく思っているのではないかと思います」

ここまでの話を聞きながら、私が池田次長に感じた違和感が、現場の人々の感覚と一致していると感じ、**やはり今回のプロジェクトからは外れてもらうことを決めました。**

以下に、戸田課長の課題感を整理します。

○F社の依頼スピードに応えきれていない
○S社は顧客の要望を確実に聞き取り、最優先でPB開発を進めることが重要
○営業と生産との納期調整が難しい
○社長からは3年以内にCVS課の売上を2倍に増やすように言われている
○そのためには関連部署との連携が必要だが、現状は良好とは言えない

■量販課長：吉田隆夫

今回のプロジェクトの対象ではありませんが、参考までに量販課の吉田課長にヒアリングのご協力を仰ぎました。吉田課長はもともとオレンジカンパニーからの出向組でしたが、珍しくサニー社へと転籍をし、プロパー社員として在籍している方です。そのような背景から、オレンジカンパニーの出向組とサニー社のプロパー社員を客観的に見られている方だと思い、改めてお時間を頂きました。吉田課長の発言を以下に記述します。

「当初はオレンジカンパニーからの出向という立場だったので、プロパー社員との距離間を感じていました。なので、できるだけ自分の方から歩み寄り、同じ会社の仲間だということを理解してもらえるように努力しました。サニー社のために残りのサラリーマン人生を使おうと思い、転籍することにしました。出向者の多くはプロパー社員に対して、上から目線で評論家のように話します。特に池田次長はその傾向が強いので、CVS課のメンバーとはあまり上手くいっていないようです。彼はまだ若いので、成果を上げてオレンジカンパニーに戻りたいという気持ちがあるのでしょうけれども、自分の部署の業績が悪いのを部下の責任にするようでは、難しいと思います」

吉田課長からCVS課の現状の課題をどう見ているかをヒアリングしました。

○業績を上げるためには、工場は生産能力を増やす必要がある

○課題はCVSから要望されるPB商品を作りきれていないこと

○会社の売上を占める割合が多いので、業績の低迷の原因はCVS課にあるように言

われることが多い
○本社オレンジカンパニーと比較すると、サニー社は開発スピードが遅い
○池田次長はPBの開発ではなく、CVS専門のNB開発に力を入れようとしているが現実的ではない
○会議体が多い、無駄な書類が多すぎる

■CVS課のヒアリング所感
全社売上の30％程度をCVSが占めているため関係部署の連携を強化し、全社機能の高度化を図ることが肝心。特にCVS大手3社へのPB商品開発の強化が重点ポイントとなる。そのため時には得意先のニーズを把握し、営業・開発・生産の連携を強化して、戦略的に営業を仕掛けていくことが必要になる。

❸茨城工場　―組織風土の課題が浮き彫りに―

次に茨城工場にヒアリングに行きました。以下に、その結果をまとめます。

■茨城工場から見た業績不振の原因

営業、生産、開発、販売のバリューチェーン（価値連鎖）が上手く機能していない。小ロット対応でのライン切替が多すぎて、生産効率が上がらずに工場の利益を圧迫している。営業の発注数量の見込み違いもあり、過剰生産になるなど商品廃棄や原価割れが起こっている。これが収益を悪化している主な要因である。

■解決策の方向性

先ずはそれぞれの案件について、生産部門主導で需給調整部と営業部の発注精度の問題などの話し合いの場を設けて、各部門との共通目標とルールを決める必要がある。

■茨城工場のヒアリング所感

問題意識は高いが、問題を話し合う場を設けておらずに発言が他責になりがち。結果として問題に対する具体的な対策が打てていない。どこかで問題の解決を諦めているように見受けられる。問題の本質は生産と営業で目標値がズレていること。

❹管理本部　ー他責文化の象徴的組織ー

さらに、管理本部へのヒアリングを行いました。以下に、その結果をまとめます。

■管理本部から見た業績不振の原因

営業本部長に戦略がなく、営業と開発の連携が良くない。仕事が属人化しており、組織としての一体感に欠け、縦横の繋がりが希薄。ＰＤＣＡを回すことが大事だと思うが、今まで回した経験がないので、できない。

■ヒアリングから見えた解決策の方向性

管理本部は「生産」「開発」「営業」のパイプ役としての機能を発揮したい。現場の意見をよく聞いて、管理本部としての信頼を回復する。

■管理本部のヒアリング所感

部門間の取りまとめを行っているようだが、管理本部と現場の間で軋轢が生じている。管理本部に対する不信感は階層を問わずあり、これは今期から商品決定会議のメ

ンバーを役員のみに限定し、現場のメンバーを外してしまったことも影響している。

❺マーケティング開発部　ー変革キーマンの発見ー

川村部長にヒアリングを行いました。彼はプロパー社員でサニー社に新卒で入社し、今回のプロジェクトの中心となるＣＶＳ課を立ち上げて、これまでの業績拡大に寄与した方です。そのため、サニー社に対する愛情が強く、今回の組織変革プロジェクトのキーパーソンになりそうだと確信しました。以下、彼らとのヒアリングポイントを整理します。

■マーケティング開発部から見た業績不振の原因

重要な決め事（発売商品、販売価格、商品の統廃合など）に根拠がなく誰が決めているのか分からない。納得できる理由がなく、短絡的な意思決定が多い。このように違和感を覚える背景として、商品決定会議のメンバーから外されたことも大きい。

また営業の情報収集力が弱いという現状がある。営業は顧客の要望を聞くだけではなく、積極的にこちらから提案することが大事。提案をするので相手から新たな視点や情報を聞く事ができる。そのような営業活動が全くできていない。さらに商談結果について、マーケティング開発部へのフィードバックがなく、こちらとしても良いものを開発したいという意欲がわかない。

また、商品開発のスピードが遅くなっているもう一つの理由として挙げられるのが、品質管理部がパッケージのデザインにまで口を出してくること。お互いの役割分担を明確にして、是々非々で進めていく体制が必要。

■ヒアリングから見えた解決策の方向性

小回りの利く組織体制を目指し、新しい商品やアイデアを生み出すこと。マーケティング開発部にはまだまだ面白い商品アイデアがあるようなので、生産規模の視点からではなく、中堅企業ならではの、大手企業ではやれないエッジの効いた商品づくりを目指したい。

■マーケティング開発部のヒアリング所感

サニー社の組織風土として主人公になりたくない、失敗したくない人が多い中、川村部長のように闊達な考えを持ち、責任を負う覚悟があるメンバーがいる。サニー社

にとっては貴重な存在である。川村部長の「面白い商品を開発したい」という情熱に魅力を感じる。

❻品質管理部　ー論点となる問題部署ー

最後に品質管理部ににヒアリングしました。以下に、その結果をまとめます。

■品質管理部から見た業績不振の原因

営業は開発と生産の調整業務ができていない。そのため品質管理部と生産部（工場）、マーケティング開発部の機能が最適化されていない。マーケティング開発部については、もっと勉強して欲しい。品質管理について基本的なことが分かっていないので、全てこちらでジャッジしなくてはならない。

■ヒアリングから見えた解決策の方向性

マーケティング開発部はオレンジカンパニーが要求する品質管理の基準を理解する必要があるため品質管理部は勉強会を開き、共通認識を持てるように指導するべき。

■品質管理部のヒアリング所感

食品メーカーとして最後の砦である品質管理部は、品質基準を順守すべきではあるものの、スピーディーな商品開発・市場への投入の観点から、より戦略的に営業と生産、マーケティング開発部と連携し対応していくべきである。

以上、ここまで各部署のヒアリング内容を整理いたしました。**サニー社の課題を簡潔に述べれば、部門間の連携が不足しており、問題が他の部署の責任として押し付けられる状況が続いているということです。**問題は把握されているものの、問題解決に取り組む姿勢が欠如しています。これはよくある問題で、**部門間の壁やセクショナリズム、また一般的に「大企業病」として知られています。**

04

最終提案（問題と解決策の提示）

各部署のヒアリングを終え、オーナーとプロジェクトスタートの合意を得るための打ち合わせを行いました。

❶問題を提示して変革の必要性を喚起する

■事業の問題

・営業と生産の連携が悪いので、不良在庫を抱え、ロス率が高い
・親会社であるオレンジカンパニー社の品質基準を満たす体制がとれていない
・品質管理部と他部署との知識と意識のギャップがある
・営業が御用聞きのレベルで情報収集力がなく、提案力がない

■組織の問題

・部門間の連携がとれていないので、商品開発のスピードが遅い
・問題を解決する意識が希薄で、他部署の責任に終始している
・ビジョンと目標が曖昧で、一体感が欠如している

■人の問題

・オレンジカンパニー社からの出向組は評論家的な発言が多く、プロパー社員と感情的な隔たりがある
・仕事が属人的で、目の前の仕事に追われている
・目標意識がなく、何を達成するために仕事をしているのか不明瞭
・全体的にモチベーションが低い

❷問題解決の方向性を提示して契約を獲得する

・CVS課の改革を中心としたプロジェクトを立ち上げる
・組織変革のために必要な知識付与と意識変革を行う
・CVS課のメンバーを機能的に動けるようにするために、各部署との連携力を強化する

・目標を明確にし、戦略を立案し、達成のためのPDCAを廻す

❸ゴール設定でプロジェクトの目的と目標を定める

・商品開発のスピードアップ
・部門を有機的に機能させるための仕組み化
・今期黒字化での着地

右記の内容でオーナーには納得して頂き、いよいよプロジェクトがスタートすることになりました。

ここで、この最終提案でいくつか押さえておくべきポイントがあるので、解説します。

私はこのような場面では、ヒアリングの事実に基づいて率直に問題を伝えるように心がけています。体裁の良い言葉で問題をぼんやりと提示してしまうと、問題の重要度が伝わりません。ここでオーナーと現場の問題との乖離をしっかりと認識してもらいます。

そして、問題の認識とともに解決の可能性を感じてもらうことが重要です。問題が明らかになっても、「この問題を目の前のコンサルタントに任せて、本当に大丈夫なのか」と

いう不安が相手に残る場合、他の選択肢を考えることになるかもしれません。

つまり問題を指摘し、解決策を提示しても、それが仕事として成立しなければ意味がないということです。言い換えれば、ヒアリングを行う目的とは、コンサルタントとして正式に仕事を依頼してもらうための根拠を揃えることなのです。オーナーへの提案次第でプロジェクトがスタートするかどうかが決まります。それゆえに商談の準備をしっかり行うことが重要です。ここでは私が重要視している商談の準備に関するポイントをお伝えします。

まずは始まりから終わりまでのストーリーを構築することです。初めの挨拶や雑談の内容、提案へ移るタイミング、クロージングのアプローチ、質問への対応など、細部までシミュレーションしながら準備します。また、大抵この段階では複数の方が参加する場合が多いです。そのため、**もし先方に用意があるなら、プロジェクターを準備してもらいましょう**。紙の提案書を配布すると、こちらの話を聞かずに先にページをめくってしまう人も出てきます。こうした人は話を聞かずに勝手に解釈してしまう傾向にあるので、真意が伝わらないこともあります。

さらにプロジェクターを使用するメリットは、会場を暗くして映写することで、プレゼンターに意識を集中してもらうことができます。このような状況を作ることで、相手の反応を確認しつつ話を進められます。一方、紙の資料だと顔が下を向く形になり、相手の表情がよく見えません。相手の表情が見えないと、プレゼン自体をミスリードしてしまう可能性もあります。

以上のように、どのような環境でプレゼンテーションを行うと、こちらの真意が伝わりやすくなるのかを丁寧にシミュレーションして、できる限りの準備をすることです。プロジェクトには流れがあり、重要なポイントが存在します。どこが重要ポイントなのか見極め、そのポイントを外さないことが肝要です。

またプレゼンテーションの場に何人いようと、意思決定に関わるキーパーソンは1人か2人です。1人はオーナーです。もう1人はオーナーが信頼する人物です。特に組織が大きい場合は、オーナーが納得しても、自分の意見を支持してくれる人物がいないと、意思決定は難しいでしょう。なぜなら、オーナーが独断で決めても、組織は感情の集合体であり、無意識に反発が生じる可能性があるからです。

このような中でプロジェクトを始めたとしても、後になってうまくいかなくなる可能性があります。したがって、オーナーともう1人のキーパーソンを意識しながらプレゼンを進めることが大切です。

このようにコンサルタントの役目は、目に見えない感情に気を配りつつ、適切な言葉を選び、モチベーションを引き出すことです。社会的感受性という言葉があります。**社会的感受性とは、言葉だけではなく、相手の表情から心の状態を察知する能力のことです。**

この能力を高めることが、コンサルタント力を向上させることに繋がります。

06
コンサルタントの組織変革講義（キックオフ編）

オーナーとの合意を得て、いよいよプロジェクトのスタートとなりました。最初に、CVS課の5名のメンバーを集めてキックオフミーティングを行いました。池田次長については、やはり今回のプロジェクトから外れてもらうことにしました。この理由として池田次長には以下のように伝えました。

○今回は現場のメンバーの主体性を最大限に引き出したい
○どの組織においても上席の前では本音の議論がしづらくなる
○当事者が本音で議論し、本気で臨まないと変革が起こらない

右記のポイントを丁寧に説明し、ご理解を頂くことができました。その上でプロジェクトの進捗状況については随時報告を行うことを約束しました。

組織変革を行う際には、誰を残し、誰を外すのかという人選は慎重に行う必要があります。この人選を誤ると、変革にブレーキがかかり、上手く進みません。相手の心情も察しながら、心を刺激しないように慎重かつ丁寧に運ぶように心がけましょう。

（プロジェクトの主要メンバー）

【CVS課】

- **課長（プロパー）：戸田直哉**
- **S社のコンビニ担当：佐藤純一**
- **L社のコンビニ担当：今井美緒**
- **3年目社員：近藤和樹**
- **アドバイザー：内藤雅貴（嘱託社員）**

ここからは実際に私（仁科）が行ったコンサルティング講義の模様を、実況中継の形でご紹介していきます。合間合間に私の所見を太字で示していきます。

＊＊＊＊＊＊＊＊＊＊＊＊＊＊＊＊＊＊＊＊＊＊＊＊＊＊＊＊＊＊＊

コンサルタント仁科：みなさんこんにちは。本日は大変お忙しい中、お集まり頂きましてありがとうございます。改めまして、コンサルタントの仁科です。どうぞ宜しくお願いします。

本日はキックオフになります。行いたいことは以下の2点です。

❶ヒアリング分析による問題点の共有
❷本プロジェクトの目的とゴールの合意

コンサルタント仁科：はじめに、ヒアリングから浮かび上がった問題点について、みなさんと共有します。**（図6）**をご覧ください。ここでは、事業の問題、組織の問題、人の問題に分類しています。

まず、事業の問題についてです。これはマーケティング開発部からのご指摘ですが、CVS課は顧客からの情報収集をもっと強化する必要があるとのことでした。顧客がどのよ

▶図6／ヒアリング分析結果

■事業の問題

・営業と生産の連携が悪いので、不良在庫を抱え、ロス率が高い
・親会社であるオレンジカンパニー社の品質基準を満たす体制がとれていない
・営業の情報提供が少なく提案力を上げる必要がある（マーケティング開発部）

■組織の問題

・部門間の連携がとれていないので、商品開発のスピードが遅い
・問題を解決する意識と行動が希薄で、他部署の責任に終始している
・ビジョンと目標が曖昧で、一体感が欠如している

■人の問題

・仕事が属人的で、目の前の仕事に追われている
・目標意識がなく、何を達成するために仕事をしているのか不明瞭
・全体的にモチベーションが低い（ただし不満に勢いがあるのは◎）

■プロジェクトのゴール設定

・商品開発のスピードアップ
・部門を有機的に機能させるための仕組み化
・今期黒字化での着地

うな商品を要望されているのか、もっと具体的な情報が欲しいようです。

そのためには、こちらから積極的に提案を行うことで、より具体的な要望を引き出せるのではないかというご意見でした。

この点に関しては私も同感です。自分の考えを相手に伝えるから、相手も意見を返してくれます。こちらから提案することで、新たな情報を引き出せる可能性は高まります。もちろん、提案するためには、市場調査やトレンドの把握など、幅広く情報収集をする必要があります。しかしそのような活動を続けていくと、みなさんの営業力は

確実にアップします。それがやがては仕事の遣りがいに繋がります。私もみなさんにはこのようなスキルを磨いて頂きたいと思います。

次に、「部門間の連携が不十分であるため、商品開発のスピードが遅れている」という点についてです。この問題は全ての部署から指摘されました。おそらく、この問題を解決することが、今回のプロジェクトの最大の焦点となるでしょう。サニー社の多くの人々がこの問題を感じていながらも、効果的な手が打てていない状況です。

この原因は、サニー社の組織風土にあると思います。**自分以外の誰かが問題を引き起こしていると考えてしまう「他責の文化」が影響しているのではないでしょうか。**

ここまでお話しした内容を相関図にまとめてみました**（図7）**。

私はここまで話を進めた後、一度間を置いて、メンバーの表情を読み取りました。この場において、反発の兆候は見られませんでした。うなずいている人や、少し落胆したような表情をしている人、何かを考え込みながら天井を見つめる人など、反応はさまざまです。しかし、これらの光景を目にした私は、直感的に今回の論点は明確になったと思いました。さらに続けて、人に関する問題について、以下の通り私の見解を述べました。

▶図7／組織の問題分析

部門最適が優先され過ぎで、全体最適を考え、調整する機能がない

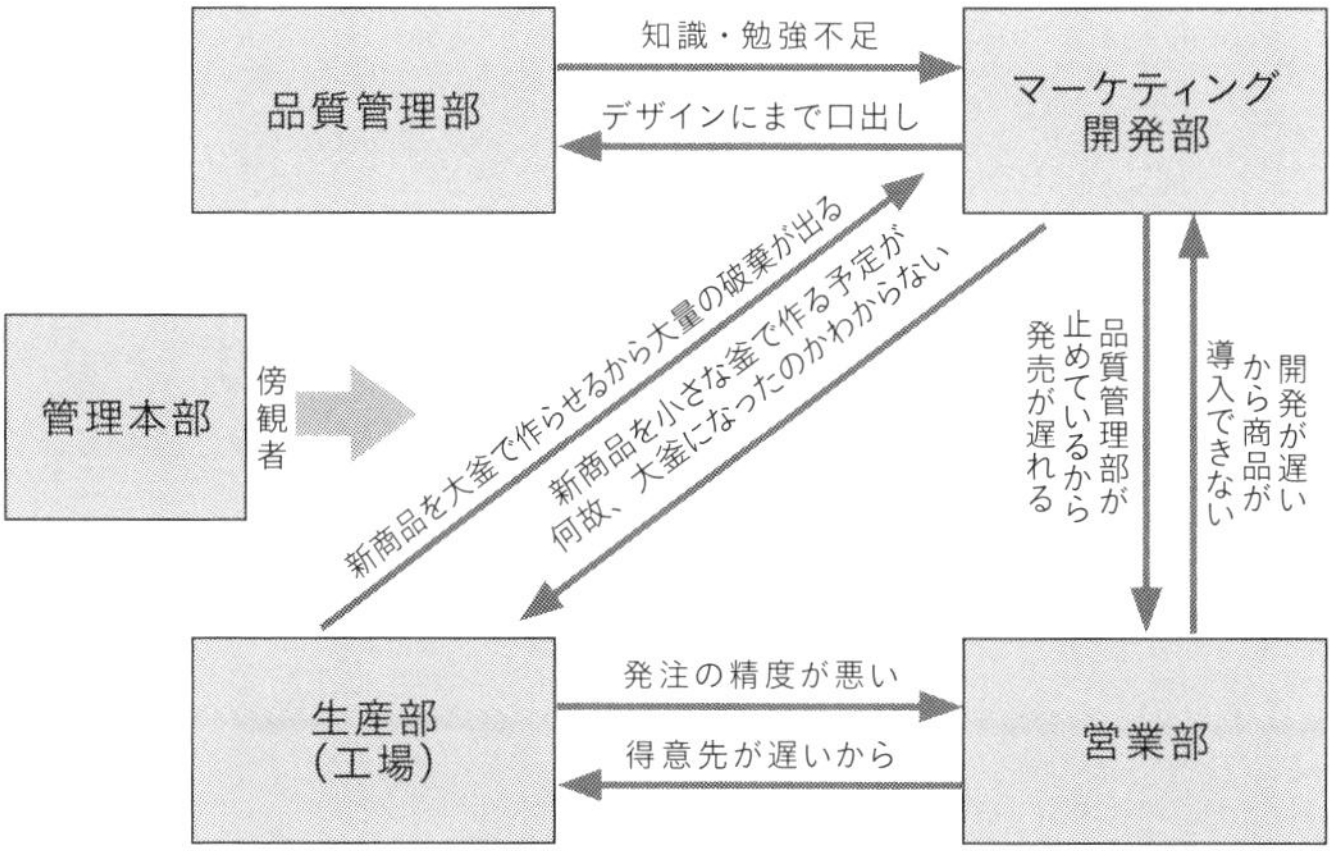

コンサルタント仁科：続いて「仕事が属人的で、目の前の仕事に追われている」という問題です。この問題は言い換えると、「みなさんは、チームで仕事ができていますか？」という質問になります。

仕事を一人で抱え、目の前の仕事をこなすのに精一杯。本当は次のシーズンに向けて準備をしたいのに、後手後手に回っている。そして、顧客からの要望に右往左往し、社内の資料作りに追われ、やがて目的意識が薄れて、何のために仕事をしているのかが分からなくなり、やる気を失くしてしまっている。そんな状態になっていませんか。

本来はチームで目標を掲げて、一体となってその達成に向かっていく。そのためにお互いに助け合い、知恵を出し合いながら仕事を進める。そんな協働的な働き方ができていないのではないでしょうか？

私の見解に違和感があれば、何でも言ってくださいね。ここでは本音を語ることが大事です。建前で話をされても何も変わりません。そもそも建前には勢いがありませんから。だから私も本音で感じたことをみなさんにお伝えしています。

問題のない組織などありません。問題が悪いわけではありません。悪いのは、問題を認識しながらも解決しようとしない組織風土だと思います。

私もここまでズバリと話をするのはとても勇気が要ります。しかしこの場面でお茶を濁したり、腰が引けたりすると、逆にメンバーの本気が引き出せません。このキックオフでメンバーと対峙して、ことの重要性を納得してもらわない限り、プロジェクトの成功はありません。ここが一番重要な場面です。ここは慎重かつ、大胆に切り込んでいくことです。

コンサルタント仁科：ここまでは宜しいようですので、続けます。これらの問題を踏まえて、このプロジェクトが目指すべきゴールをお伝えします。このプロジェクトのゴールは商品開発のスピードアップを図るために、各部署を有機的に機能させることです。その結果、今期の決算を黒字化で着地させることです。

これを実現するのは生易しいものではないことは、十分理解してます。しかし、これまで手を付けてこなかった本質的な問題を解決すれば、不可能ではないと思います。

スライドを一通り話し終えると、今感じていること、思っていることを率直に話してほしいと前振りをしてから、全員に感想を述べてもらいました。

コンサルタント仁科：戸田課長は何を感じていらっしゃいますか。

戸田課長：はい、ご指摘頂いたことはその通りだと思います。本音で話すことが大切だと言われたので敢えて話しますが、課の雰囲気が悪いのは、課長である私が、池田次長と上手くやれていないことが原因です。

池田次長の発案でタスクフォースをやっています。その狙いがCVS向けのNB開発をすることなのですが、その戦略自体が違うと思っており、他の部員も同じ思いでいます。ＣＶＳ用に共通の安価なＮＢ商品を作っても、他社と同じ商品を売場に並べるはずがありません。その件について、私は池田次長と話ができていません。意味のないタスクフォースを、ダラダラと続けていることは課員のモチベーションを下げるだけでなく、時間とコストを無駄に浪費してます。

コンサルタント仁科：なるほど。言いにくいことを話して頂き、ありがとうございます。この場は安全な場ですので、みなさんも本音を語ってください。それに良い悪いのジャッジはしません。なぜなら、**不満の裏側には、ありたい姿があるからです**。おそらく、戸田さんの言葉の裏側は、池田次長と敵対したいわけではなく、本当にＣＶＳ課にとって価値のあることをやりたい、池田次長とも本音で議論したいという気持ちがあると思います。先程の**（図6）**の中に、「（ただし不満に勢いがあるのは◎）」という記載があります。この不満が強ければ強いほど、実は変革は起こりやすいのです。申し上げた通り、不満の裏側にはありたい姿があります。その不満が強いというのは、ありたい姿を実現したいという思いと同じです。この5人のチームはもっと本音を語るべきです。気持ちを共有することが大事です。次に佐藤さんはいかがでしょうか。

佐藤：私はＳ社の担当です。マーケティング開発部のご指摘はその通りです。もっと提案力を上げないと、今後は厳しいと思います。ＣＶＳ課の営業は開発部の協力が不可欠です。もっと密に連携をとらねばなりません。ただ、やることが多くて、うまくコミュニケーションがとれていません。もっと相談したいです。

コンサルタント仁科：コミュニケーションは大事ですよね。どうしたらもっと関係を密にできるかを考えましょう。それでは、今井さんはいかがでしょうか。

今井：私もＰＢ開発がメインなので、他部署の協力が必要です。そのために、いろいろな部署への依頼事項が多いのですが、いつ回答が返ってくるのか、どこで止まっているのかが全く見えません。それが凄いストレスになっていて、正直、疲れます。

コンサルタント仁科：なるほど。いわゆるプロダクトマネジャーが不在ということですね。ここでいうプロダクトマネジャーとは、商品開発の全般に携わり、全権を握る人のことです。誰がその役割を担うのかを決める必要がありますね。それでは、近藤さんはいかがでしょうか。

近藤：僕は、佐藤さんと今井さんが担当している以外のＣＶＳを任されています。主にＦ社の売上が大きいです。ＮＢも販売していますが、やはりＰＢ開発の比率が高いです。入社３年目ですが、分からないことも多く、ベテランの方が担当した方が、もっと売上が上がるのではと思うこともあります。

社内資料も多くて大変です。ＣＶＳ課の人員を増やすとか、もっと会社は考えた方が良いと思います。みんな、がんばっています。仁科さんが言われたことはその通りだと思いますが、それでも必死に仕事をしています。こんなにがんばっているのに、やる気がないとか言われると、正直イラっとします。

コンサルタント仁科：近藤さん、正直な感想をありがとうございます。言葉を間違えていたら申し訳なかったです。みなさんが孤軍奮闘していらっしゃるのは、理解しています。

不満が溜まっているのもわかります。だからこそ、もっと働きやすく、遣りがいのある仕事の進め方があるのではないかとお伝えしたかったのです。

内藤：仁科さん、私からもよろしいでしょうか。先程のご指摘の中で、商品開発のスピードが遅いというのは、その通りです。メンバーの不満もそこに尽きるでしょう。ここ数年、開発案件の依頼が減ってきていてます。それは、他社に比べて、弊社が遅いからです。他社は3か月で開発をしますが、うちは4、5か月かかっています。

スピードを重視するCVSからすれば当然、他社に依頼したくなりますよね。これは5年前から続いている問題です。顧客からはいつも納期に間に合わないので、不信感を持たれています。それにメンバーはいら立ち、不満が溜まっています。ただ、どうしていいのか分からないんです。この問題を解決することができれば、もっと積極的に提案ができるし、案件を獲得することができると思います。

さすがに、経験豊富な内藤さんの見解は全体を総括しており、問題の核心を突いていました。開発スピードが遅いため、営業が困惑しているだけでなく、「顧客からの信頼を

失っている」ということだったのです。私はこの時、この問題を必ず解決させると肝に銘じました。

コンサルタント仁科：内藤さん、具体的にありがとうございます。このプロジェクトがやるべきことが明確になりましたね。みなさんも正直にお話し頂きまして、ありがとうございます。とても参考になりました。是非この問題を解決しましょう。目的と問題点が共有できたところで、本日のキックオフは終了したいと思います。

＊＊＊＊＊＊＊＊＊＊＊＊＊＊＊＊＊＊＊＊＊＊＊＊＊＊＊＊＊＊＊＊

キックオフで重要なのは、問題を共有し納得してもらうことです。そして、その問題を解決することで、会社は良くなるという期待感を喚起することです。今回のキックオフはこの点を十分カバーできる内容となりました。

06

コンサルタントの組織変革講義（事業運営構造編）

さらに講義の実況を続けていきます。ここからは「事業運営構造編」です。

＊＊＊＊＊＊＊＊＊＊＊＊＊＊＊＊＊＊＊＊＊＊＊＊＊＊＊＊＊＊＊＊＊

コンサルタント仁科：前項の「キックオフ編」では、サニー社が抱える問題をみなさんと共有しました。みなさんが本音で話してくれたことで、問題の根本原因が明らかになりました。今回はプロジェクトを進めていく上で、考え方のベースとなる事業運営構造について解説します。**（図8）**をご覧ください。組織変革のポイントはこの一枚の概念図で説明できます。まずは事業方針にあたる図表の左側から解説します。

▶図８／事業運営構造（概念図）

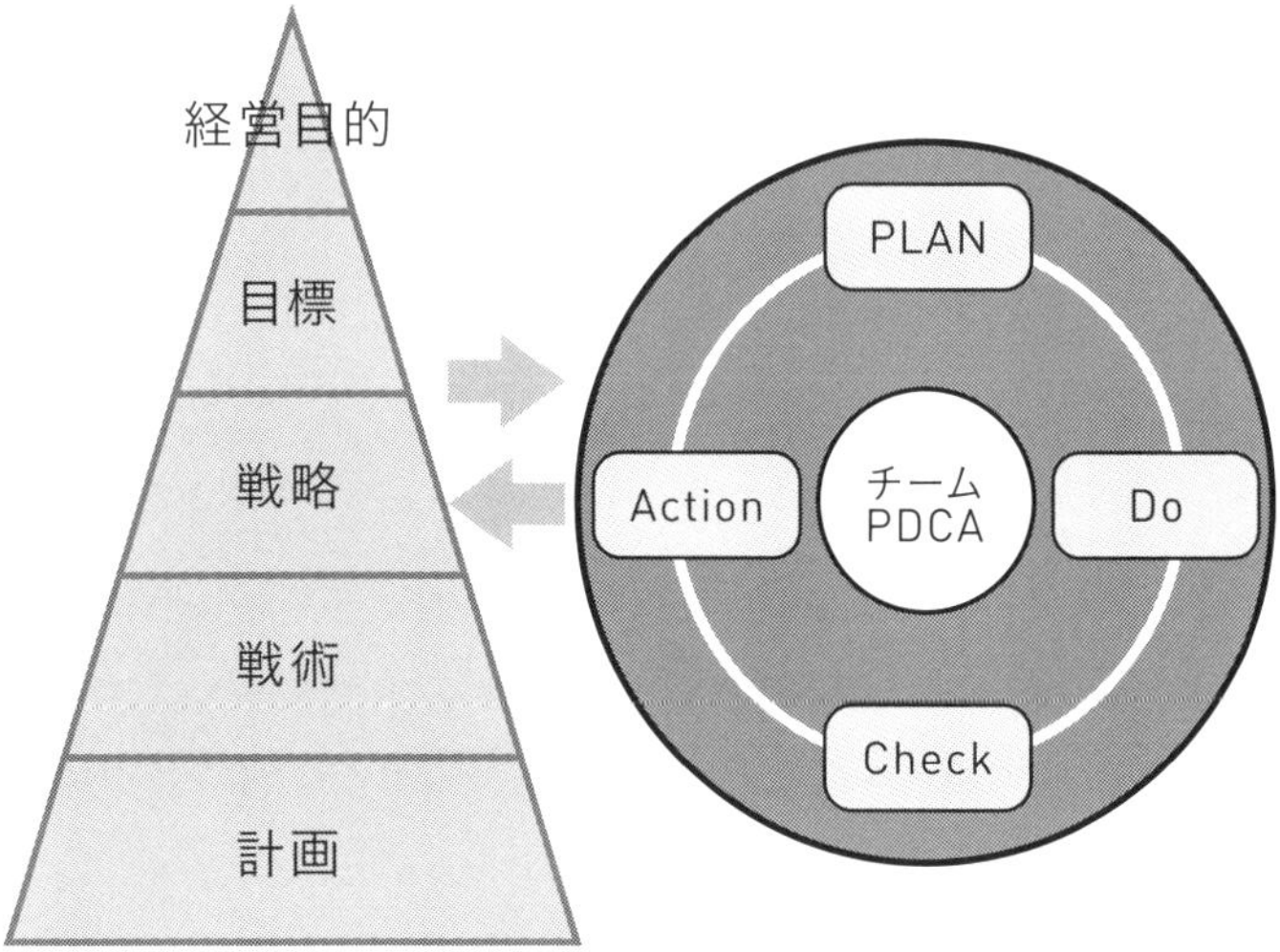

事業方針×現場の実行度＝業績

❶経営目的がすべてに優先される

まずは、左のピラミッドの一番上にある「経営目的」についてです。昨今は経営理念よりも経営目的が重要視されるようになりました。これまで多くの会社が掲げてきた経営理念は、経営者の想いを言葉にしたものが多かったと思います。しかしどこか曖昧ではっきりしない印象があり、掲げられてはいるものの、形骸化している会社も多いのではないかと思います。

少し前の日本は、一本の大きな川の流れに乗っていました。多少曖昧でも日本が成長していましたので、その流れに乗っていれば、明日の未来は拓けたのです。がんばりさえすれば、会社も発展し、社員の給与も増えました。

しかし現代の日本は少子高齢化で、がんばれば発展する時代ではありません。いわば一本の川から大海に放り出されてしまったのです。このような時代には、曖昧な言葉よりも明確な指針が必要です。

経営目的とは「わが社の存在理由は何か、どこに向かおうとしているのか」という問いに対する答えです。この経営目的を定めることが事業運営の起点になります。

❷目標とは経営目的を実現するための指標

次に「目標」です。目標とは経営目的を実現するための指標です。特にここでは目的と目標の整合性を取ることが重要です。社会に貢献することを目的に掲げるならば、何をどれくらい実行すれば社会に貢献することになるのかを明示することが重要です。この目的と目標の整合性を図ることで、会社の誠実さや真剣さが顧客や社員に伝わります。

逆に目的を掲げているにも関わらず、やっていることがそれとは違っているとしたら、もはや今の時代にはステークホルダーへの動機付けになりません。ましてや信頼を得るこ

▶図9／目標水準の設定

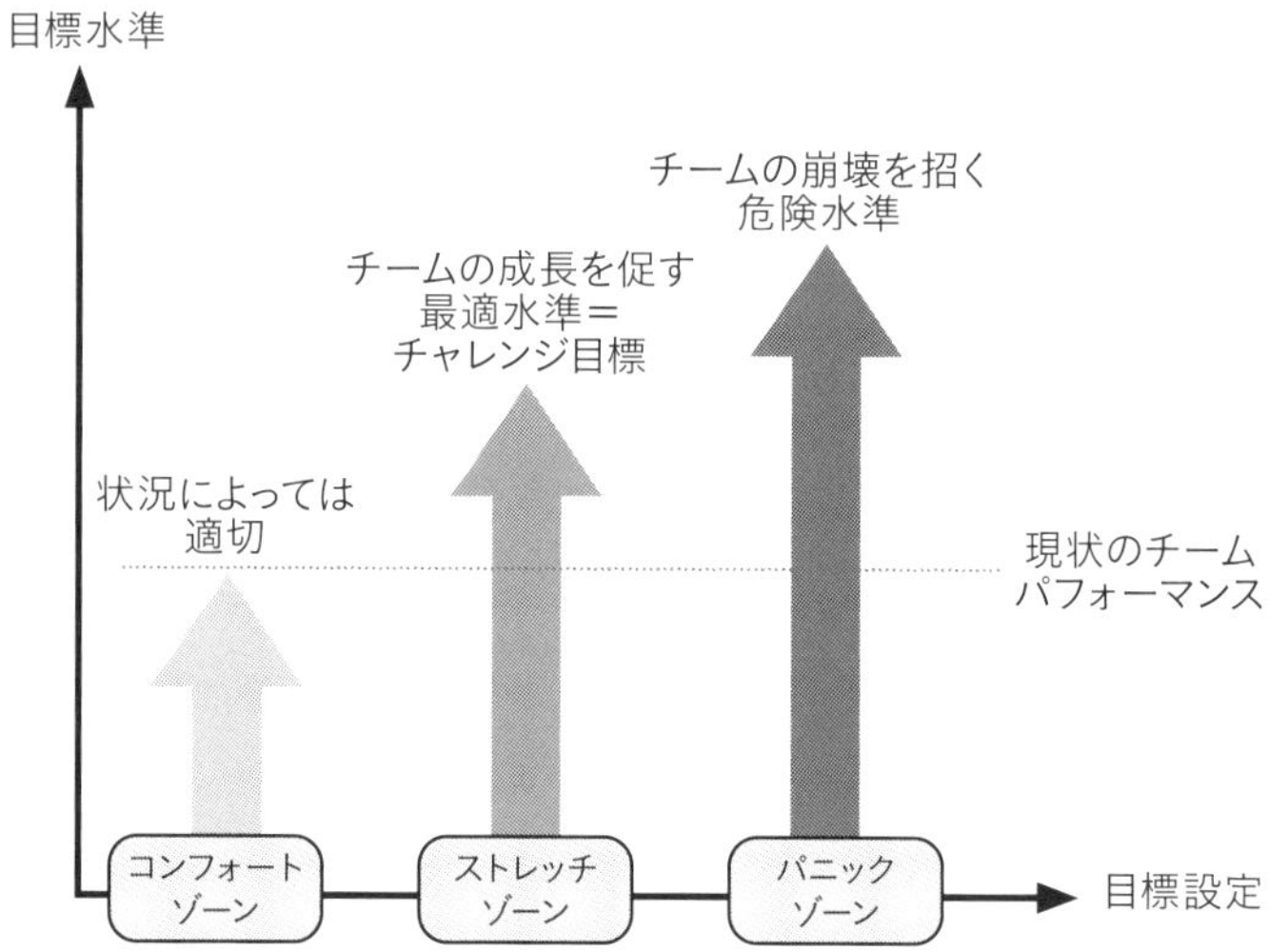

ともできません。**ゆえに目的に対する目標は慎重に設定されることを強調しておきます**。

さらには、目標値を現有の能力で十分達成できるレベルで設定することは、時には有効かと思います。**(図9)**をご覧ください。**この目標領域をコンフォートゾーンと呼びます**。しかし成長が図れるかと考えると物足りなさもあります。

なぜなら企業も人も、成長し発展していくことを前提としているので、成長可能な目標を設定することが適切なのです。**この領域をストレッチゾーンと呼びます**。がんばって手が届くかどうか、という目標を設定することです。

一方ストレッチゾーンを超えた無理な目標設定は組織の崩壊を招きかねません。**いわゆるパニックゾーンという領域です**。トップセールスの実績を買われて昇格してきた人に多いのですが、高い目標を掲げれば単純に高い成果が得られると勘違いしている人がいます。このようなリーダーは自部署の成果は自分の成果と思っている人でしょう。自分ひとりががんばったところで、大した成果は出せません。リーダーはメンバーに共感し、チームを形成して初めて、持続可能で働きがいのある組織ができるのです。

例えば、そのような無茶な目標を掲げるリーダーは部下から「なぜ、前年をはるかに超える目標を掲げられなければならないのですか」と訊かれて、答えられるでしょうか。日本の人口が減っており需要も減退している中で、とにかく発展し拡大すれば良いという考え方に、もはや意味はありません。

なので、リーダーはこの経営目的に沿った自部署の目的を定める必要があります。そしてその実現へ向けた目標設定をすることが重要です。今回のプロジェクトの目的は明確です。**「顧客からの信頼を回復するために、商品開発のスピードを上げる」**ことです。この目的を達成するための目標が、今期の予算になります。この予算を達成することがみなさんのミッションになります。

多くの会社は経営目的が不明確で、短期目標だけを掲げてその達成のみを目指しています。**しかし会社で働く意味や仕事の意味を見出せなければ、やがて人は去っていきます。**逆に働く価値を見出せる会社に人材は集まります。これからの時代は、これまで以上に目的と目標の重要性を認識する必要があります。

❸戦略とは目標を達成するための方法

「戦略」とは目標を実現するための方針のことです。さらに戦略とは**「今ある前提条件を優位なものに書き換える」**ことです。たまに戦略とは文字通り「戦いを略《りゃく》す」ことだという方がいますが、その解釈は間違いです。その逆でもともとの語源は、区画を区切って一つひとつの区画を残らず殲滅することを意味しています。

残念ながらビジネスはいまだに競争戦略を軸としています。戦略とは戦争用語に他なりません。ビジネスが戦争の考え方をベースにしている以上、今現在この言葉に置き換わるものはありません。私も「競争《きょうそう》」が「共創《きょうそう》」に変わる時代を希求します。しかし今はまだ「競争」を前提としたビジネス環境にあるのは間違いありません。つまりこのルールでゲームをやるしかないのであれば、相手を打ち負かし勝ち残るために、知恵を絞ることです。そして、顧客に最優先で選ばれるように尽力することです。

さらに**「戦略の失敗は戦術では補えず」**という言葉があります。これは**「上位概念の過ちは下位の概念で補うことはできない」**という意味です。今ある前提条件を有利なものに書き換えるためには大胆さと同時に慎重さも求められます。現在の戦略を省察して、何を書き換えれば、自社を有利な展開に持ち込めるのかを徹底的に考えること。**これを戦略思考といいます**。

そして優れた戦略家は、自分の立てた戦略にその人格が投影してしまうことを知っています。人情に厚い人も、逆に好戦的な人も、それぞれそのような戦略を立案してしまうのです。繰り返しになりますが、優れた戦略家は相手に勝つことを目的にしています。そして誰よりも、顧客に選ばれることを目的にしているのです。人格を超えた所に視座を置いて、視野を広げることが重要です。

❹戦術とは戦略を固有名詞で語ったもの

次に「戦術」についてです。戦術が戦略よりも下位の概念であるからといって、軽んじてはなりません。戦略をああでもない、こうでもないと考えているときは楽しい時間でもあります。戦術の定義をひと言で述べるなら**「戦略を固有名詞で語ったもの」です**。

例えば「今年は量販店ではなく、外食産業を攻めて2倍の利益を上げる」という戦略を立案したとします。この戦略を固有名詞で語ることが、戦術を立てることになります。**「外食産業の中でも○○チェーンに対して、△△という新商品を販売して年間□□億円の売上を作る」**と、固有名詞で語るのです。

戦術とは戦略の具現化です。そのため、目の前の現実に向き合わなければ、戦術は立てられません。その意味で戦略よりも戦術のほうが覚悟を問われます。そしてどこまで現実感をもって具現化できるかが、実行度に影響します。

戦略と戦術の違いを明確にしましょう。戦略の過ちは戦術では補えません。「今期の最大の攻略すべきターゲットを○○チェーンにしたら、実は競合他社の経営者とお互い旧知の仲で、こちらがいくら良い商品を低価格で提案しようが攻略できなかった」という結果にならないようにしましょう。「戦略の失敗は戦術では補えず」とはこういうことを意味しています。

❺計画とは戦術を中期・短期にスケジュール化したもの

そして**（図8）**左のピラミッドの一番下にある「計画」については右記の戦術を1年〜3年間の中期・短期計画に落とし込むことになります。毎月の目標だけを必死に追いかけている会社も多いのですが、少なくとも会社の決算は1年ごとになります。春夏秋冬があるように、需要期も業界により違います。**新規開拓が中心の営業であっても「種」を蒔く時期と、水を撒いて育てる時期が必要です。**刈り取りばかりやろうとしても、芽が出ていなければ刈るものすらありません。年間の需要期やビジネスモデルを鑑みて計画を立てることが重要です。

ここまでが**（図8）**左側の事業方針の解説になります。事業方針を作って安堵してしまうパターンが多いのですが、事業方針はあくまで仮説段階ですから、実行に移さなければ何の意味もありません。**この方針を実行するための歯車が（図8）右側の「チームPDCA」になります。**

❻チームPDCAで個の繋がりを強化する

チームPDCAとは文字通り、チームでPDCAを回すことです。ビジネスはPDCA

が大事だということは新入社員研修レベルで学ぶことですが、実践できている人は少ないと思います。ましてや組織的に運用できている会社は、これまであまり見たことがありません。

そもそも一人でPDCAを廻そうとすることに無理があるのです。P（計画）をしてD（実行）する所まではできるでしょう。しかし多くの人がC（修正）でつまずきます。**なぜなら自分の行動を冷静に振り返り、修正ポイントを見つけることは精神的に負荷がかかるからです**。それは自分の弱さを、自分にフィードバックをすることに他なりません。そのためにはもう一人の別人格をつくり、自分に対して客観的に評価を下す必要があります。それを一定のレベルで行うには、ある程度の精神の成熟が求められるのです。

たとえCにそこまでの精度を求めないにしても、大抵の業務はマルチタスクになっているので、一つひとつの仕事に対してPDCAを回すことなど不可能だと思います。優先順位を付けて一時的には回せたとしても、継続して習慣化することは難しいでしょう。結論から言うと、自分ひとりだけでPDCAは回せないのです。

これを認識するならば、逆にどうしたら回せるのかを考えれば良いのです。**私の考えはチーム力を使うことです**。グループとは共通項で括った集まりですが、チームとは目的を共有して目標を達成するために有機的に繋がるメンバーのことです。つまり仕事はチームで行うものなのです。

日本人は「応分の場」（身分相応の立場のこと、転じて自分が落ち着く場所）が形成されれば、強みを発揮する民族です。強みを発揮するとは、個の総和以上の力を出すということです。そしてチームが機能すれば、集団的知性が発揮されるということです。集団的知性が一人の天才を超えることは、既に証明されています。ノーベル賞はもはや一人の天才によるものではなく、チームで研究した成果なのです。

ゆえにチーム力を高めることが、左の事業方針を遂行するためには重要です。**逆を言えば、チームでPDCAを廻すことでチーム力が高まっていきます**。（図8）組織の関係性が悪いと、生産性は下がります。逆に成功している組織は関係性が良く、自分の意見を気兼ねなく述べることができます。

これを「心理的安全性が高い」組織といいます。グーグルが自社の中で生産性が高いチームの要因を、莫大な予算と期間を費やして行った調査結果を発表しました。その調査で特定された5つの因子の中で最も重要な因子が、この「心理的安全性」でした。

つまり事業方針を遂行するためにはチームを形成し、そのチームの心理的安全性を高めれば高めるほど良い結果がでるということです（このあたりの詳細については拙著『心理的安全性がつくりだす組織の未来』〈産業能率大学出版部〉をご参照ください）。

チーム力をご理解頂いた上でＰＤＣＡのＰ（計画）から解説します。ここでいうＰとは、**（図８）**左の事業方針の年間計画に基づき、次月の計画を立てることです。**この際にポイントとなるのが、行動計画の具体化です。**行動心理学の観点からすると、計画が具体的であればあるほど、行動は促されます。

例えば「バイヤーにＡ商品を提案する」という行動計画よりも「○月○日の15時までにバイヤーに60分の時間を空けてもらい、Ａ商品を提案する。その際にはＢ社の商品との食べ比べを行い、評価してもらう。その後、導入の検討の土台に上げてもらうために次月の役員会議に上げてもらうことを提案する」というところまで落し込んだほうが、行動力は確実に上がるのです。人は、具体的に実行しているイメージが鮮明であるほど、行動を起こしやすくなるということです。

そして行動計画に落とし込むための視点は、５Ｗ１Ｈです。「誰に、いつ、どこで、何を、なぜ、どのように」という項目を漏れなく決定していきます。そしてそれを自分だけではなく、メンバーと共に決めていくことで協働意識が生まれ、行動が後押しされるのです。このように、チームで行うことは一人で行うよりもはるかに価値があります。

計画を立てたら次はD（行動）です。**ここでの心構えは「行動」と「結果」を分けることです**。もちろん結果を期待して行動するわけですが、自分がコントロールできるのは行動のみです。結果をコントロールすることは誰にもできません。ここでお伝えしたいことは、**結果を気にして臆病になることは意味がないということです**。最善の行動を選択して、結果は気にしない。ダメならまた別の計画を立てて、リトライすれば良いだけです。

そして私たちの人生で価値があるのは良い結果ではなく、結果を出すために努力したその軌跡にあります。ただの通過点に過ぎない結果に一喜一憂するよりも、努力すること、経験を積んで失敗をノウハウに変えることに価値があると捉えましょう。

努力が報われるのは成果ではなく、成長です。努力の報酬は目先のお金ではなく、成長という尊い報酬です。成長の積み重ねの先に実力の花が開くのです。

そして次にPDCAの肝であるC（修正）ですが、まずはPの段階でCのミーティングをあらかじめ決めておくことがポイントになります。事前に行動の結果を振り返る日時を決めることで期日までに計画を実行しなければというプレッシャーがかかり、実行度が上がる要因になります。**さらにCでポイントとなるのが、やはり心理的安全性です**。

仮に何も実行できなかったメンバーがいたとします。ここで「なぜやらなかったのか」と詰問してはいけません。**メンバーができなかった理由をどれだけ本音で話せるかで、チームの心理的安全性が分かります**。人は、やると決めたことをやれないこともあります。特に新しいことは、なかなか実行し難いものです。

ここで心理的安全性が高いチームであれば「なぜ？」とは問わずに、できなかった背景を聞き取り、チームで改善策を考えます。仮にその理由を「忘れていた」のならば、次回は意識を持続するためにはどうしたら良いかを検討します。「忙しかった」のが理由ならば、忙しい中で実行できる方法をみんなで議論します。

「そこまで気を遣う必要があるのか。決めたことをやってくるのは、ビジネスパーソンとして当然ではないか」と反論する声もあるかもしれません。しかし、ここが分かれ目なのです。**心理的安全性を高めるためには、本音で話せる場を作ることが重要なのです**。逆にこのような機会で叱責されることなく、やれなかった自分を受容し、メンバーが一緒に改善策を考えてくれたとなると、次回は何としても成果を上げようという気持ちに変わるのです。

Cをジャッジの場にしないでください。お互いの関係性を高めるような、成長が実感できるような場にすることです。フラットな関係性で、自由に本音を語れる安心安全な場を作ることを心掛けましょう。

右記を踏まえた上で修正プランを立案し、A（実行）すること。この「チームPDCA」サイクルを回しながら結果を適宜、**（図8）**左の仮説へとフィードバックを行います。事業方針も立案したら終了ではなく、PDCAを回しながら適宜修正をしていくことで、戦略以下の精度を上げていきます。

❼事業運営構造の概念図を活用して自部署の問題を知る

（図8）の概念図を見ながら、自部署のどこが弱いのか、どこに問題があるのかを考えるツールとして活用してみてください。全てが100点の会社はありません。つまり問題がない組織はないということです。

私の経験からすると、業績が悪い組織は例外なく、組織の連携が取れていません。つまり社員の関係性が希薄だということです。そういう組織は社員が自分の仕事、目先の仕事に追われています。その上、何か問題が起こると自分の責任ではないと、他責にする傾向があります。まして他部署が絡むと、責任の押し付け合いが始まります。

そのような場合は右側のチームPDCAを廻しながら関係性を築くことからスタートします。つまり、今回のプロジェクトもここが起点となります。

人は理想に向かいます。だれでも幸せになりたいのです。〝人の間〟と書いて人間と読みます。人と人の間で生きるのが人間です。つまり人間関係が良好であれば、人は幸せなのです。本来は一人ではなく、仲間と楽しく、協働して働くことを望んでいます。

余談になりますが、その昔、北京原人やネアンデルタール人など現代の私たちホモ・サピエンスよりも身体も脳の容量も大きい類人猿たちが、この地球に存在していました。しかし現代まで生き残れたのは私たち人間です。それはなぜか。身体が小さかったから、外敵や自然の脅威に対して、集団で協力して生き伸びるしかなかったからです。お互いに助け合って、なんとか生き残ってきました。つまり人間は仲間と協働することで力を発揮する生きものなのです。

話を元に戻します。これは職場でも同じことです。目的を実現するために一体感を持って仕事をしたいと思うのが人間です。**つまり、一体感を作って突き進むための枠組みを提供すれば、職場はそのように動き出します**。次第にチームが形成されて、うまくPDCAを回すことができるようになります。さらに成果が出て、成功体験が積み上がれば、自信が生まれ、良い循環が回り始めるのです。

そのようなわけで、まずは「チームPDCA」を回すことに注力しましょう。

ただ、事業運営の重要度からすると、**（図8）**左のピラミッド一番上の経営目的・自部署の目的になります。目的とは事業を行う意味であり、自部署が存在する理由です。今の時代にこれが不明確であれば、社員も働く意味を見失うでしょう。

つまり優先度と重要度の両輪を念頭に置きながら、組織変革を進めることがポイントになります。この表に基づいて、改めてみなさんのヒアリングを分析したのが**（図10、11、12）**になります。**（図11）**ではみなさんの強みを分析してみました。素直さ、問題意識の高さ、不満力の高さは組織変革をする上でとても重要な要素になります。今回のプロジェクトもこの3つが強みとして発揮されるはずです。この3要素の発揮により、組織変革が大いに期待できると思います。

❽概念図を活用したコンサルティング事例　ー中古バイクの買取会社編ー

ここで概念図を活用して成果が上がった、中古バイクの買取会社の事例をご紹介します。この業界は競合が激しく、価格競争も加速して、中々利益が出しづらい状況が続いて

▶図10／事業運営構造の左側（分析）

項目	問題分析
事業目的	「何のために事業を行っているのか」が不明瞭なため組織として一体感が希薄。
目標	目的を実現するための指標である「目標」が曖昧。
戦略	問題認識はあるが、解決策が具体的に立てられていない。問題が常に先送りされている。
戦術	戦術まで落し込まれていない。
計画	上位概念（事業目的～戦術）が曖昧で、計画が弱く、生産性に課題。

▶図11／事業運営構造の右側（分析）

言葉の定義
■グループとはある共通項で括られた集まりのこと。
■チームとは目的を共有し個の能力の総和以上の力を発揮する集合体のこと。
チームとは目標を達成することを使命とし、その実現のために繋がったメンバー。

▼

チームPDCAを廻すとは
・PDCAは一人で回すことはできない。
・チームで回すためには定期的に会議を実施することがポイント。
・小さな成功体験を積み上げ、メンバーの一体感とモチベーションを高める。
・チームでPDCAを廻すことでチーム形成がなされ、一体感が高まる。

▼

本プロジェクトは事業運営構造を理解し実践することで、チームの集合的知性を高めることを狙いとする。

▶図12／現状の強み

■素直さ
組織変革でポイントとなるのは素直さ。プロジェクトに取り組む真面目さがあるかどうか。ヒアリングから、素直さのレベルがとても高いと感じた。

■問題意識が高い
問題認識は高く、何とか改善したいという気持ちがある。それぞれの持ち場で自分の任務に真摯に取り組んでいる様子が伺える。

■不満に力がある
強い不満が散見された、良き組織にしたいという気持ちが強くあると感じた。

上記の3つの理由から本プロジェクトの成功可能性はとても高いと判断できる。

いました。若い人たちのバイク離れもあり、ユーザー数も年々減少しています。これにより市場から買い取れるバイクの数も減り、先行きが厳しい業界となっていました。

この状況に危機感を持った経営陣は、これまでの買取中心のビジネスモデルから小売業態への転換を試み、その先駆けとしてフラッグシップ店を立ち上げました。しかし、このフラッグシップ店が思うように進まず、赤字が続いていました。その結果、小売業態への転換がうまく行かずに、業績も下がり始めていました。そこで社運をかけてフラッグシップ店の建て直しのプロジェクトを実施することになりました。

早速現地に出向き、メンバーへのヒアリングを行いました。このフラッグシップ店は、買取部門、整備部門、小売部門の3部門に分かれており、合わせて30人ほどのメンバーで構成されていました。ヒアリングの結果から、以下の問題が浮き彫りになりました。

Ⓐ3部門の連携がとれていない
Ⓑ3部門とも向いている方向性がバラバラである
Ⓒ店舗の統括マネジャーが、既存の買取ビジネスに固執している

つまり概念図を用いて洞察すると、左側の「戦略」は「小売業態にシフトする」と明確に打ち出されていましたが、それを具体的に落し込むべき「戦術」、それを実行する「チームPDCA」に問題があったのです。

この問題を踏まえて、早速解決策を検討することになりました。プロジェクトをスタートするにあたり、まずはⒶの連携が取れていない、Ⓑの方向性がバラバラであるという問題への布石として、プロジェクトの冒頭に経営陣から改めて会社のビジョンと方針を説明してもらいました。Ⓒについてはそもそも経営陣の意向と統括マネジャーの考え方がズレており、これがボトルネックになっているのは明らかでした。

さらに統括マネジャーのこれまでの経歴を確認したところ、買取部門で実績を上げてきたという背景があり、かつ小売ビジネスの経験がないということでした。ここに人材の配置ミスが起こっており、今回の戦略が上手く行かなかった一因となっていたのです。

もともとトップダウンが強い組織で、現場の意見が上がってこない組織風土だったことも、この問題が見落としにされてきた要因でもありました。

この問題の本質は、現場はトップの意向は理解できても、直属の上司である統括マネジャーの指揮に従わざるを得ないということです。この問題を解消するために、統括マネジャーには今回のプロジェクトから外れてもらい、経営トップの直轄プロジェクトとして、新たにスタートさせることにしました。

組織運営の要諦は、人軸と成果軸のバランスです。目的を実現するために最適な組織体制を組むことが、何より重要なポイントになります。これによりⒸの問題はプロジェクトスタート前に解決をすることができました。

Ⓐ、Ⓑをさらに深掘りしていくと、以下の問題が明らかになりました。それは現場の方

向性が定まっていなかったので、買取ビジネスと小売ビジネスの構造的な違いに対応できていなかったということです。

例えば、買取ビジネスとは、できるだけ安価で中古バイクを買い取ること。それを整備部門は修理の手間を最小限に抑えて、オークションに迅速に出品すること。その結果、売れたら即金でキャッシュを得るという、非常にサイクルが早いビジネスモデルです。

それに対して小売ビジネスとは、人気のある車種を仕入れること。それをフルメンテナンスをした上で店頭に並べること。その後、陳列してから売れるまでの平均サイクルは45日前後と買取ビジネスと比べて買い取ってからキャッシュインするまでのサイクルが非常に長いのです。つまり、会社としてどちらに舵を切るかで、現場の動きが全く異なるのです。

現場は会社の目標や指示が曖昧な場合は、これまでのやり方をそのまま踏襲します。つまり「笛吹けど踊らず」という状態になっていたのです。このように、当初の改革が進まなかった理由を紐解けばわかりやすい事例です。

その後プロジェクトを以下のように進めていきました。

◯部門の現場責任者を集めて、買取から小売ビジネスへシフトすることを改めて確認した
◯現状の問題を網羅して優先順位をつけた
◯買取部門は、小売で人気のあるバイクを優先的に買い取る方向にシフトした
◯整備部門は、オークションへの簡易整備ではなく、店頭販売向けのフルメンテナンスに切り替えた

さらに、これまでは店頭で購入契約をしてから整備を行っていたので、ユーザーへの商品の引き渡しが2週間後になり、販売機会のロスが起こっていました。そして小売部門は、店頭に並べる商品を即納できるよう整備部門が協力してくれたら、店頭に陳列した商品は100％売り切ることをコミットメントしたのです。

このようなプロジェクトを半年間行った結果、このフラッグシップ店の小売販売台数は過去最高をたたき出し、業績は回復し、赤字から脱却することができました。プロジェクト当初の目標を果たすことができ、フラッグシップ店舗としての体制を確立することができました。

さらに、小売店舗は競合他社に比べて、直接市場からバイクを買い取れるという強みを活かし、その後は全国展開に踏み切り、現在でも右肩上がりの業績を更新中です。

これがこのプロジェクトの成功の軌跡になります。**そして、ここでの一番の成功要因は、やはり概念図を活用して問題箇所を特定したことです**。その後、現場の意見を吸い上げて、統括マネジャーへの忖度を排除し、ビジョンと目標を達成するための方策を現場の責任者同士が本音で話し合ったことです。話し合いの場では上下関係を排除し、フラットな場として心理的安全性を担保しました。心理的に安全な場をつくり、純粋なビジョンを掲げ、適切に現場に権限委譲すれば、組織は動き出すという事例です。

さらにいうと、体制を変えたことにより、「応分の場」が変わったということです。日本人は、周囲の動きを見ながら自分の立場を決めます。その役割とビジョンがやり甲斐のあるもので、かつ貢献意欲を掻き立てるのであれば、動機は高まり、実現可能性も高まるのです。

かの明治維新は、総勢1000人程度の若者で成し遂げられた類まれな革命でした。それは幕末の志士たちにとって、意義のあるものだったからに他なりません。さらには、そこでも尊王攘夷という大義に対しての「応分の場」があったのです。志士達の思いは、気高く、崇高なものであったことでしょう。

心理的安全性を高めることが目的なのではありません。目的は顧客や社会に貢献することです。より良い貢献を成し遂げるためには、会社は成長しなければなりません。会社の成長とは、人材の成長です。日本企業における人材の成長は、往々にして「応分の場」で決まるのです。「応分の場」の心理的安全性が高く、貢献基準が高い場であればあるほど、成果創出の可能性は高まり、同時にメンバーの精神性も高まります。

(図8) の概念図は本プロジェクトのベースとなる考え方です。左側を見据えながら、右側をしっかりと回していきましょう。

07 コンサルタントの組織変革ワーク ―課題形成と問題解決―

さらに、講義の実況を続けていきます。

＊＊＊＊＊＊＊＊＊＊＊＊＊＊＊＊＊＊＊＊＊＊＊＊＊＊＊＊＊＊＊＊＊

コンサルタント仁科：それでは、組織変革の基本的な概念をご理解いただいたところで、早速ワークに入りましょう。今回は「商品開発のスピードが遅い」という問題について、その原因を洗い出すというワークです。つまり、問題という論点に対して、課題というサブ論点を洗い出し、本質的な要因を特定します。

❶問題解決プロセスとルールの共有

▶図13／問題とは現状と目標のギャップ

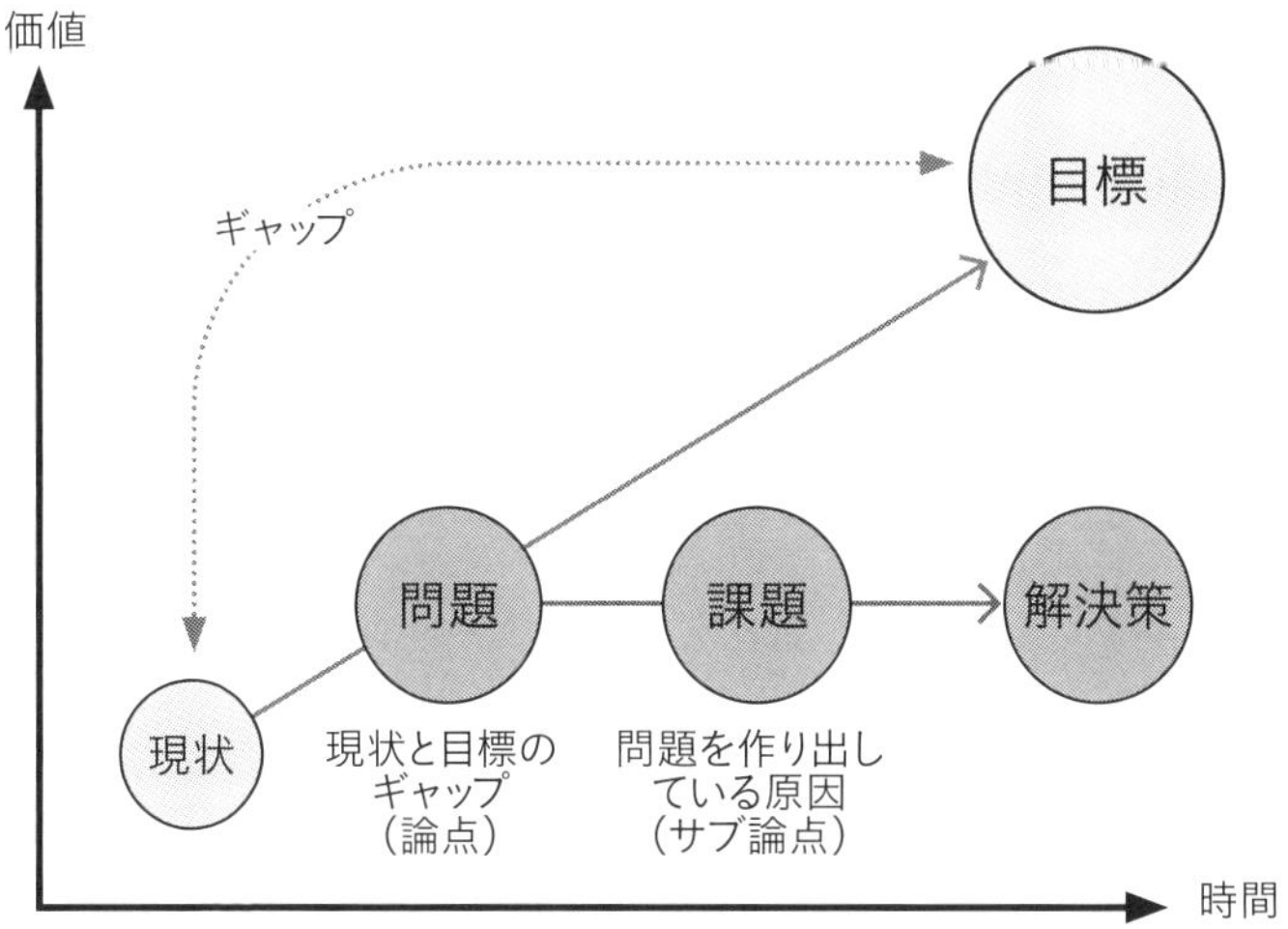

（図13）をご覧ください。ここで問題と課題について解説します。改めて言いますが、問題とは目標を掲げた時に発生するものです。目標が無ければ、問題は起こりません。例えば、人はお腹が空きますよね。満腹であれば、そこにお腹が空くという問題は存在しません。お腹が空いているという問題が発生しているから、空腹を満たすために物を食べるという解決行動をとるのです。

　つまり、目標を掲げると必然的に現状とのギャップが生まれるということです。**このギャップを「問題」と表現します**。さらに、問題が特定できたら、その問題を作り出している原因を洗い出しま

▶図14／課題の特定と解決策

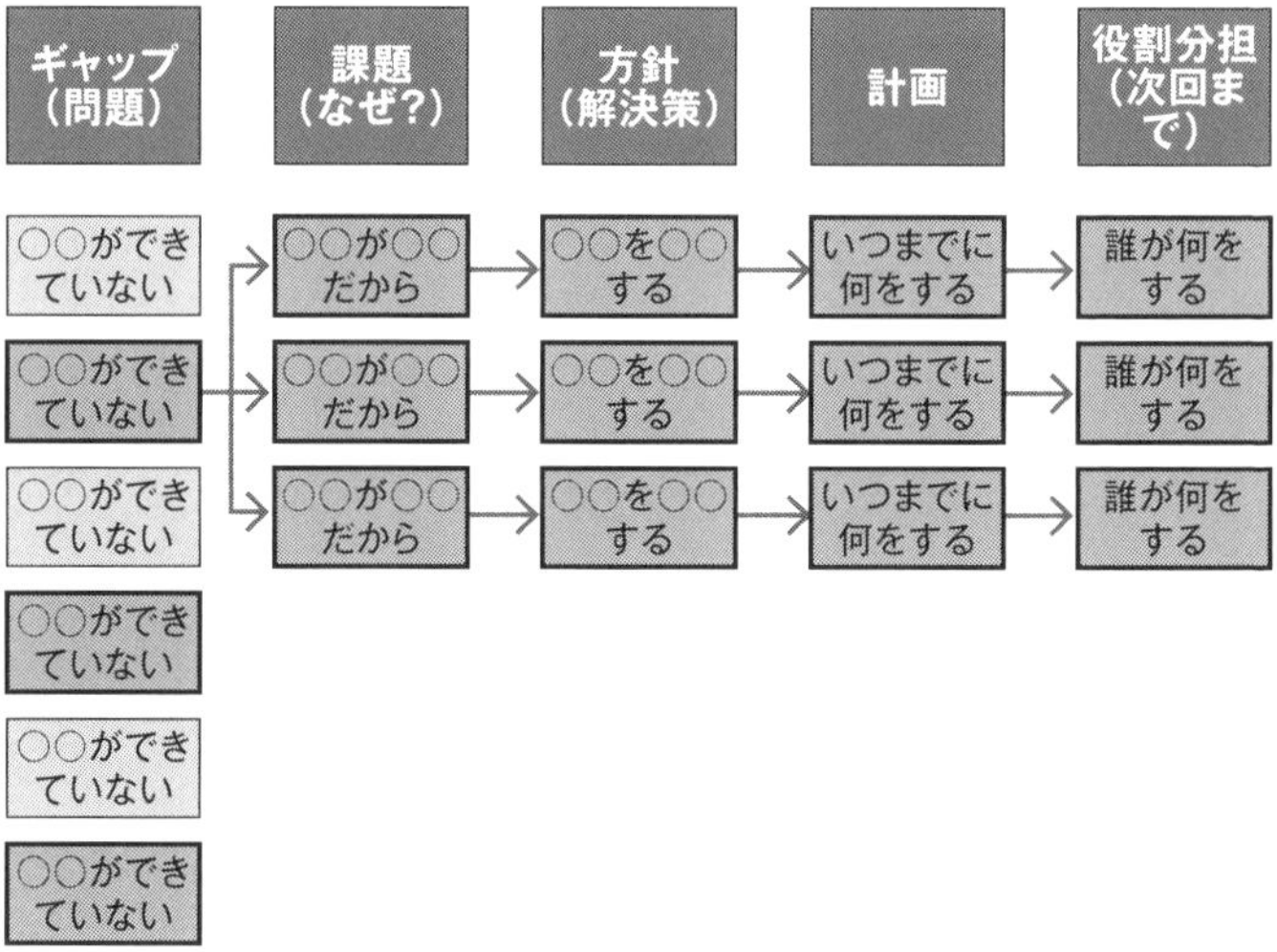

す。**洗い出された原因の中で、問題の真因となるものを「課題」といい、この課題を導き出す思考を「課題形成」といいます。**課題が特定できたら、その解決策を考えて、「行動計画」に落とし込みます。これが問題を解決するための基本的なプロセスです。この問題を解決するためのプロセスを図したものが**（図14）**です。

ここでワークに入る前に、本プロジェクトのルールを共有します。**（図15）**をご覧ください。ここに6つのセンテンスを記載しました。特にこの会議では①の「本音で語ること」を心がけて欲しいと思います。それ以外の5

▶図15／プロジェクトのルール

①本音で語ること
②率直であること
③自分と正対すること
④メンバーはフラットな関係であること
⑤良い悪いのジャッジメント（判断）をしないこと
⑥助け合い、感謝し、信頼感を育むこと

つは①の姿勢を担保するための必要条件になります。日本人は空気を読み、忖度をしすぎる傾向があるのですが、変革を行う時にはその姿勢が阻害要因になります。

かつて日産自動車が倒産の危機に瀕した時に、ルノーからカルロス・ゴーン氏が送り込まれて、たちまちV字回復を実現した事例があります。同じように上場廃止にまで追い込まれた日本航空を、京セラの名誉会長であった稲盛和夫氏が2年8カ月というスピードで再上場させた事例もあります。

この2つの事例に共通するのは**「しがらみを断ち切り、忖度をせず、本音の議論に徹した」**ことです。変革の立役者となったのは、経営幹部ではなく、現場の課長以下のスタッフ達でした。彼らが忖度をせずに、会社にとって本当に重要なことを明らかにして、その解決に向けて尽力したのです。

つまり、本音で率直であることを前提に議論すれば、真の課題が見えてきて、その解決策が立ち上がってくるのです。その解決策が具体的であればあるほど、行動が力強いものになります。なので、私は組織変革を行う時に、この6つのルールを提示して、共有することからスタートします。本音を語れる組織風土を醸成していきましょう。**これを「心理的安全性が高い組織」と言います**。心理的安全性は世界で注目されている理想的な組織のバロメーターでもあります。この心理的安全性が高ければ高いほど、組織の生産性は高まることが証明されています。このプロジェクトを通して、この心理的安全性を高めていきましょう。

❷「グチ活会議」

それでは早速、問題に対する課題を洗い出したいのですが、ここでいきなり「課題を出せ」と言われても堅苦しくなりますし、難しく考えすぎても建前論で終ってしまいます。先程、組織を変えるためには、「忖度しないで本音で語る」ことが重要です。

なので、ここでは敢えて、「商品開発のスピードが遅い」ことに対する不平や不満を出してみましょう。この場は守秘義務があります。この部屋でこれから語られることは、一切この場からの持ち出しを禁止します。例えば、上司への悪口でも構いませんよ。どなたからでも、何についてでも構いません。日頃のグチを吐き出しましょう！　それでは15分間の「グチ活タイム」です。どうぞ！

お互いに顔を見合わせながら、誰かが口火を切るのを待っている状態がしばらく続きました。しかしこの緊張感は長くは続きません。緊張に耐えられなくなった人が、口火を切るタイミングを待ちます。

やがて、女性の今井氏が口火を切りました。

今井：それじゃ、私から言わせてもらいます。この問題はずっと前から続いてます。敢えてこういう機会なので言わせてもらいますが、池田次長や中村営業本部長は、この問題を知っているのに、見て見ぬふりなんですよね。何度か開発が遅れている現状を、訴えたことがあります。でも何も動いてくれませんでした。解決しようという気持ちがないですよ。

佐藤：まぁ、そうだよね。でも僕は一番ネックなのは、管理部だと思う。彼らは部門を調整する役割なのに何もしないし、動かない。品質管理部の最終判断が遅いのも分かっているのに、何も言わない。商品開発会議も今年から現場の人間を除いて、役員だけでやってるから余計に情報が下りてこない。管理部の動きは、現場の思いとは逆行しているよ。

近藤：戸田課長、池田次長や中村本部長は、何で動いてくれないんですかね。

戸田課長：次長や本部長は、解決するために動くというよりは、解決できない私たちがダメだと思ってる。「できないのは、お前らが悪いからだ」みたいな言い方をするんだよね。

今井：でも、池田次長は普段どこで、何をしてるのか全く分かりませんよね。仕事してるんですか？

戸田課長：それはもちろん、仕事はしているんだろうけども、スケジュールと行動が見えないから、そのように見られても仕方ないよね。かつてオレンジカンパニーにいた時は、優秀な営業だったと聞いてるよ。ただ、自分の考えを曲げないから、こちらも現場の問題を共有しづらいんだよね。結果的に、こちらからも最低限の報告しかしてないから、次長も判断する材料がないんだろうね。まぁ、この件については、お互いに問題があると思う。

佐藤：工場の生産計画にも問題がありますよね。こちらが発注数量を間違えることがあるのも事実ですが、前回は工場側が誤って新製品を作り過ぎて、大量廃棄したこともあった。営業のこちらに押し付けるばかりで、工場側のミスも僕たちの責任になってませんか。

戸田課長：確かにCVS課は発注量が多いから、生産依頼の数をミスると、目立つというのもあるよね。

今井：品質管理部が、なぜ遅いのかがわからない。メールや電話で催促しても返信がないこともしばしばです。最終的な判断は品質管理部ですよね。あの部署の判断が遅いからいつも発売が遅れるということなんじゃないですか。

佐藤：確かに、品質管理部が最終判断をしてくれなければ発売ができない。ただ聞いた話によると、オレンジカンパニーにも判断を仰がなければならないみたいで、サニー社の品質管理部だけでは決められないこともあるみたいだよ。

今井：それじゃあ、この問題はサニー社だけの問題ではないってことですか。

佐藤：どこまでオレンジカンパニーが絡んでいるのか、わからないけどね。

近藤：マーケティング開発部の川村部長はこの問題をどう思ってるんですかね。先日、川村部長と話す機会がありましたが、もっとCVS課は、マーケティング開発部を活用して欲しいと言っていました。

内藤：川村部長は全体感を持っている人だと思うよ。彼はサニー社に対しての思いが強い。でも彼だけでは何も解決できない。部門間の連携が悪いというのが、一番の問題なんだよ。前社長が強烈なトップダウンで動かしてきた会社だから、サニー社の組織文化として「受け身の体質」があるのは確かだと思うよ。誰も自ら問題を解決しようとしないで、他責にして終わりという風土が根底にあるんじゃないかな。

内藤氏の指摘には、厳しい中にも温かい眼差しがありました。この場の最年長者からの的を射た発言により、メンバーの内省も深まり、この後の発言に変化が見られるようになりました。この後もしばらく、意見交換が続きましたが、前向きな発言も出てきたので、これまでの意見を整理して、付箋紙に書き出してもらいます。

コンサルタント仁科：それではここで「グチ活」は一旦終了にしましょう。これまでに出た意見を目の前の付箋紙に書いて見てください。まだ出ていない意見を追加しても構いませんので、新たに思いついたことも付箋紙に書き出してください。

その後、（図16）のように付箋紙が出されました。この中からさらに重要なカードを3つに絞ってもらい、赤枠で囲ってもらいました。

▶図16／「グチ活会議」の付箋紙

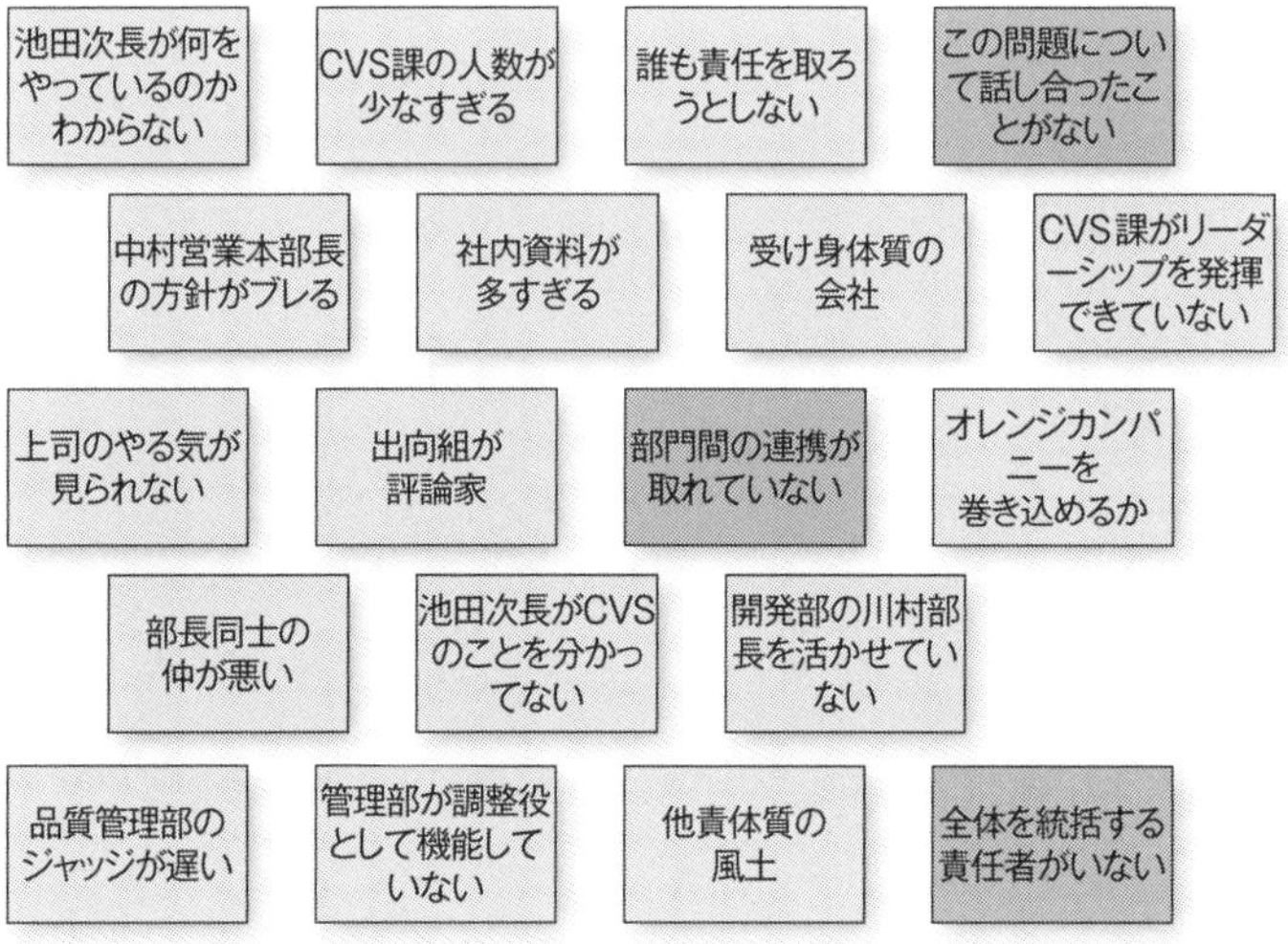
池田次長が何をやっているのかわからない
CVS課の人数が少なすぎる
誰も責任を取ろうとしない
この問題について話し合ったことがない
中村営業本部長の方針がブレる
社内資料が多すぎる
受け身体質の会社
CVS課がリーダーシップを発揮できていない
上司のやる気が見られない
出向組が評論家
部門間の連携が取れていない
オレンジカンパニーを巻き込めるか
部長同士の仲が悪い
池田次長がCVSのことを分かってない
開発部の川村部長を活かせていない
品質管理部のジャッジが遅い
管理部が調整役として機能していない
他責体質の風土
全体を統括する責任者がいない

コンサルタント仁科：ありがとうございます。付箋紙に書き出して、解決に向かうための重要なキーワードが選択できましたね。このキーワードは、おそらく一人でいくら考えても出てこなかったと思います。このメンバーで「商品開発のスピードが遅い」という問題について集中して議論した結果、このキーワードが浮かび上がったということです。そして全員の総意で、この3つのカードを選択しました。

これが集団的知性の力です。この体験を忘れないでください。このプロジェクトの成否はこの集団的知性をいかに高められるかにかかっています。よろしいでしょうか。

それでは、次はこの課題に対する解決策を考えましょう。「部門間の連携が取れていない」「全体を統括する責任者がいない」「この問題について話し合ったことがない」という3つの問題をどう解決しましょうか。

しばらく沈黙が続きました。全員が模造紙をじっと見つめて、考えています。おそらく、頭の中には既に答えが浮かんでいるのでしょうが、それを口にすることを誰もが躊躇している様子です。その時、内藤氏が言葉を発したのです。

内藤：戸田課長。ここは戸田さんが、リーダーシップを取ってください。解決策を出して、メンバーを引っ張る時です。

戸田課長：わかりました。もう答えは出てますよね。各部署の責任者を集めて、この問題について話し合い、全体を統括する人を決めて、部門の連携を強化しましょう。もうこれしかないです。各部門の責任者を招集して、この問題を徹底的に議論しましょう。みなさん、この解決策でいいですか？

全員：はい、やりましょう！！

＊＊＊＊＊＊＊＊＊＊＊＊＊＊＊＊＊＊＊＊＊＊＊＊＊＊＊

「全体は部分の総和に勝る」といったのは、古代ギリシアの哲学者アリストテレスです。私は「チームは個人の能力の総和を凌駕する」と解釈しています。このようなプロジェクトでは、必ず個がひとつになる瞬間があります。これがチーム力であり、数ある類人猿の中で、唯一地球上に勝ち残ったホモ・サピエンスの力なのです。

私はこの力を信じています。この協働する力を高めて、集団的知性の創発を導くために、私はコンサルタントをやり続けています。人間の偉大さは、協働の偉大さでもあるのです。個々がバラバラに分離しているときには、何も起こりません。しかし心をひとつにして目標を定めた時に、人間は偉大な力を発揮するのです。これがチーム作りの要諦です。

話を元に戻します。その後は、**(図17)** のように具体的な実行計画とそれぞれの役割分

▶図17／課題の特定と解決策

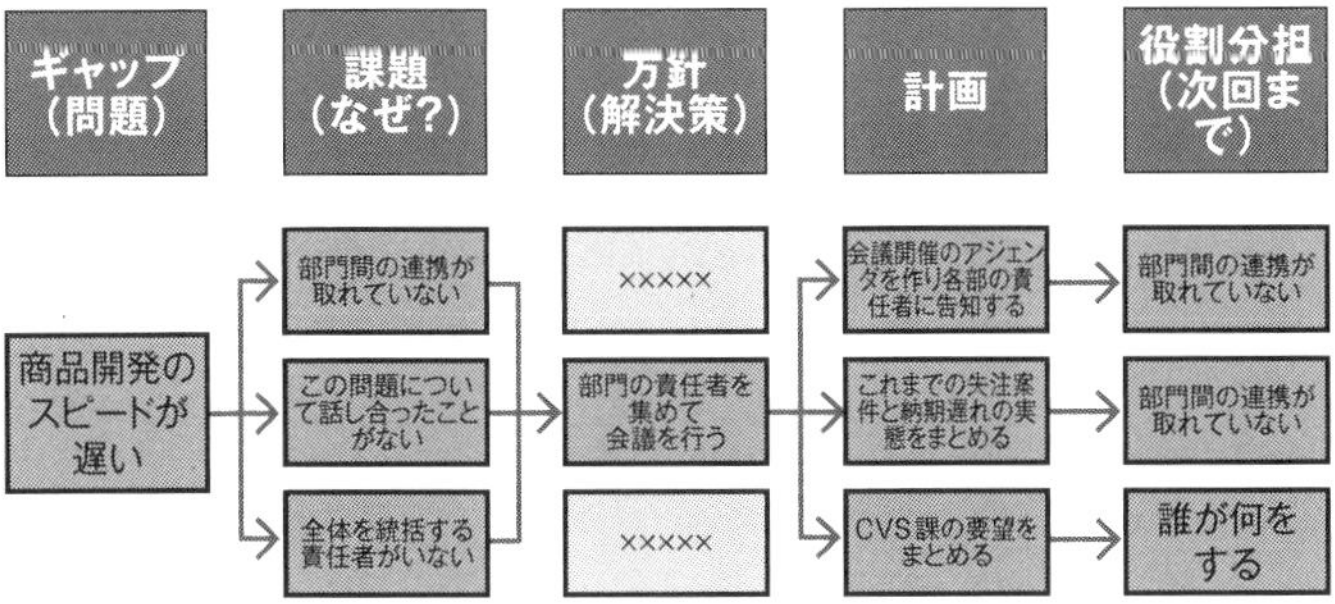

担を決めました。そして会議を招集するためのアジェンダ作りのために、会議の目的とゴール、タイムラインを決めて、会議日程の候補を出して、今回の会議は終了しました。この会議の決定が、後に大きな変革へと導くことになります。この会議でこの解決策を決めたことが、このプロジェクトの最大の成功要因です。この会議を境に、あのセレンディピティの創発へと、静かに動き始めたのです。

08 責任者会議 ―問題解決の企業体―

前回のＣＶＳ課の問題解決会議で決定した責任者会議が、２週間後に開催されました。参加メンバーは主催のＣＶＳ課を中心に管理部、品質管理部、生産部、マーケティング開発部の責任者です。私は会議を推進するファシリテーターとして参加をしました。冒頭で私のほうから、この会議を開催するまでに至った経緯や、ＣＶＳ課で行った問題解決会議のスライドを共有し、本会議がいかにサニー社にとって重要な会議なのかということ、そして、この問題を解決することが業績の向上に繋がるということをお伝えし、メンバーの参画意欲を高めるよう努めました。

さらに、事前ヒアリングから浮き彫りになった会社の「他責文化」という問題を指摘しました。この「他責文化」を改善することが、サニー社の未来を変えることに繋がることを強調しました。その上で、ＣＶＳ課にも共有した「本音を語る」ことをルールとして会議をスタートさせました。

最初に営業から問題と要望を伝えた後、各課の責任者から「商品開発が遅れてしまう」原因を説明してもらいました。中にはCVS課への厳しい指摘もありましたが、会議の主催者であるCVS課の戸田課長が他部署からの指摘を真摯に受け止めて、反省すべき点や改善すべき点を、前向きに取り組むということを約束しました。

戸田課長の謙虚ながらもこの問題を是非とも解決したいという積極的な姿勢がその場に影響し、お互いのできていないことの批判で終ることなく、前向きに検討する雰囲気で終ることができました。最終的に第1回目の会議では、以下の方針が固まりました。

❶プロジェクトを統括する責任者を営業担当に任命すること
❷商品開発のプロセスを見える化すること
❸責任者会議を定例化し、進捗状況を確認すること

そして、この責任者会議の目標を「商品開発の納期を3か月に短縮する」ことと、そのための仕組みを作ることに決定しました。

09 マーケティング開発部の川村部長の貢献

責任者会議は第1回目のスタートから一週間に一度、120分という時間を決め、事前のアジェンダの発信と会議のゴールを決めて、効率的に進めていきました。回を重ねるごとに、お互いの立場や役割の違いから来る判断基準の相違が浮き彫りになりました。

特に**「最終的に発売の合否を決める品質管理部で止まってしまうことが多い」**という意見が多く出ました。この点について、品質管理部からは、親会社のオレンジカンパニーの品質基準をクリアしなければならず、「最終的な判断はオレンジカンパニーの品質保証部が下すので、サニー社だけでは合否を決められない」などの背景が明らかになりました。

これを受けて、オレンジカンパニーの品質保証部の基準を理解するために、主要メンバーで研修を受けることになりました。また、大型の案件については、オレンジカンパニーの品質保証部の協力を得て、発売納期や顧客要望を共有し、一体となって商品開発のスピードアップを図ることを合意しました。

さらに、当初から変革の要となると想定されていたマーケティング開発部の川村部長が積極的に動いてくれました。彼はこれまでのサニー社を成長させてきた立役者であり、元CVS課を作った人物でもあります。社内の信頼も高く、問題意識の高さがメンバーへ影響し、彼の発言や行動が会議を良い方向へ導いてくれました。

さらに、もともと指摘されていたCVSの営業の課題である顧客の情報不足を補うために、顧客から的確に情報を聞き出すためのヒアリングリストを作成してくれました。その上で、マーケティング開発部で既に考えている商品アイデアをベースに、顧客へ提案するための叩き台を提供してくることになりました。営業はその提案書をカスタマイズするだけで、次々に顧客へ商品を提案できる仕組みができたのです。

さらにオレンジカンパニーの品質基準を理解するために、川村部長が自ら研修に参加し、独自のマニュアルを作成してくれました。品質管理部へ判断を仰ぐ前に、その基準に沿って商品開発を進めることができるように、仕組みを整えてくれました。

このように川村部長の働きが大いに寄与し、当初の目的である商品開発のスピードを上げるという仕組みが整い始めたのです。

10

組織変革講義
─営業の基本編─

責任者会議と並行して、CVS課の組織変革プロジェクトは引き続き進行中です。改めて、責任者会議で指摘された営業への要望は以下の通りです。基本的には更に営業力を向上させることが求められています。

❶顧客から、より正確な情報を収集し、マーケティング開発部に共有して欲しい
❷提案力を向上させ、他社から案件を勝ち取る力を高めて欲しい
❸売場をリサーチしたり、トレンドを把握したりして商談能力を上げて欲しい
❹生産部からは、商品の発注数量の精度を上げて欲しい
❺品質管理部からは、書類の誤りが多いので気を付けて欲しい

との指摘がありました。

ＣＶＳ課としては、主催者側の立場を考慮し、この問題の解決に取り組むことを約束しました。トレンドの理解と商談能力向上については、市場やトレンドの読み方、消費者のインサイトの発掘の仕方を講義しました。

受注数量の精度向上については、１００％でなくても、過去のデータと傾向を分析し、ＰＯＳデータを随時確認しながら見込み段階の精度向上に努めました。品質管理部からのご指摘については、メンバー間で二重チェックを行い、書類の誤りを減らしました。

❶と❷については、マーケティング開発部からヒアリングリストと、提案書の叩き台の提供もあり、営業活動に変化が見られました。この変化を機会と捉え、改めて営業の基本について以下のように講義しました。

＊＊＊＊＊＊＊＊＊＊＊＊＊＊＊＊＊＊＊＊＊＊＊＊＊＊＊＊＊＊＊

コンサルタント仁科：本日は、営業の基本について講義をします。（図18）をご覧ください。ここで営業とは何かを、しっかり理解して頂きたいと思います。

▶図18／営業力とは

営業力＝人間関係構築力×提案力

①人間関係構築力
　⇒接触回数・自己開示・価値ある情報提供・情緒的体験
②提案力
　⇒調査・課題発掘・仮説形成・提案シナリオ

営業、つまり営業力とは「人間関係構築力×提案力」のことです。まずは人間関係を構築することが重要です。見知らぬ人から商品を購入するよりも、信頼関係のある人から購入したいというのが心情です。ＢｔｏＣの営業よりもＢｔｏＢの営業のほうが、営業への信頼感は強く求められます。

例えば、ブランドバッグを売る販売員の対応が多少不十分でも、欲しいバッグを手に入れるためなら購入するでしょう。しかし、ＢｔｏＢの場合、営業担当者＝会社の代表と見なされます。だらしない外見や不完全な提案資料を提示された場合、その会社の姿勢が疑われます。

他社とそれほどサービスに違いがないなら、この場合は他社の営業に獲られるのは間違いないでしょう。

営業は商品を販売する前に顧客との信頼関係を築くことが先決です。ここで人間関係を構築するための4つのポイントを紹介しますので参考にしてください。

❶接触回数を上げると親密性が高まる

人間関係を築くために、まず大切なのは接触回数です。この概念は1968年にアメリカの心理学者ロバート・ザイアンスによって提唱されました。これは「単純接触効果」とも呼ばれ、何度も人や物、サービスに触れることで、警戒心が薄れ、関心や好意が高まるという心理的効果です。確かに、初対面の人よりも、何度も接触がある人に親しみを感じますよね。

つまり、まだ人間関係が十分に築けていない場合は、まずは接触回数を増やしましょう。 メールやLINEを使ったコミュニケーション、電話、お礼状の送付など、できる限り相手との接触回数を増やして、自身の存在を知ってもらうことです。その接触回数と比例して相手との親密性は高まります。

▶図19／ジョハリの窓

	私が気付いている私	私が気付いていない私
他者が気付いている私	**解放の窓** 私も相手も、私のことを 「こんな人である」 とよく分かっている部分	**盲点の窓** 相手が私のことを 「こんな人である」 と気付いているのに 私がそんな自分に 気付いていない部分
他者が気付いていない私	**秘密の窓** 私が私を「こんな人である」 と相手に見せていない （隠している）ので 相手が私を「そんな人だ」 と気付いていない部分	**未知の窓** 私も気付いていない、 相手も気付いていない、 私の「潜在的な可能性」 であり「のびしろ」領域

❷自己開示をすると相手も返してくる

次に、自己開示の重要性について説明します。この心理的効果は実証されております。ここでは対人関係理論で有名な「ジョハリの窓」を使って説明します。**（図19）**をご覧ください。

これは1955年にアメリカで開催された「グループ成長のためのラボラトリートレーニング」の席上で、サンフランシスコ州立大学の心理学者ジョセフ・ルフトとハリ・インガムが発表した「対人関係における気づきのグラフモデル」が基になっています。その後「ジョハリの窓」として知られるようになりました。

この図は、「他人が気づいている、いないの縦軸」と「自分が気づいている、いないの横軸」により、4つの窓で構成しています。ポイントは、自分がオープンにしていて、他人も気づいている「解放の窓」が広いほど、相手は自分に対して安心感を抱くことができるということです。

そのため、営業活動においても、この自己開示を積極的に行うことが重要です。**こちらが自己開示をすると、相手も自己開示をしたくなるという「返報性の法則」が働きます。**次第にお互いの解放の窓が広がり、親密性が高まります。したがって、接触回数を増やしながら積極的に自己開示を行うことは、親密性を築く鍵となります。

❸価値ある情報提供で信頼感を醸成する

3つ目は価値ある情報提供です。前述の2つは親密性を築くのに寄与しますが、信頼を築くにはまだ足りません。**信頼とは、相手にとって「信じて頼りにできる」関係のことです。そのためには価値ある情報提供が鍵になります。**この場合の情報とは相手が求める情報と、将来を先読みした情報のことです。

分かりやすくいえば、ＢｔｏＢビジネスの場合において顧客が求めているのは、売上が向上する、またはコスト削減に繋がる情報のことです。そのどちらかに寄与する情報は、顧客にとって価値のある情報となるでしょう。

以前、元大手量販店のカリスマバイヤーと称される方に「どのような営業との取引を望みますか？」と尋ねたことがあります。その質問に対して、彼は即座に「できる営業マンです」と答えました。

その後、彼はあるお酒のメーカーの営業について話してくれました。その営業は前任者からの引き継ぎで、挨拶を交わし、世間話をした後、次のように提案してきたそうです。「ご挨拶に来る前に、御社のお酒の売り場をいくつか視察しました。もし私に売場を任せて頂ければ、今の売上を2倍にする自信があります」。元カリスマバイヤーはその提案に驚きつつも、その営業マンの自信に満ちた提案に興味を抱き、売り場のマーチャンダイジングを任せたというのです。その結果、業績は2倍以上となり、以後も長い間、彼との関係が続いているそうです。

❹情緒的な体験で相手の心を掴む

最後に、情緒的な体験について説明します。情緒とは、出来事に触発される感情、味わい、雰囲気などを指します。**情緒的な体験とは、通常のビジネスとは異なる次元で、相手の心を揺さぶる感情とご理解ください**。通常のビジネスで行われる基本的な行為、例えば、お客様がお帰りの際にはエレベーターまでお見送りをする、訪問後にお礼のメールを送るなどは当然ですが、そのような通常の想定を超える体験を演出することをイメージしてください。

例えば、東京の青山に「カシータ」というレストランがあります。このレストランでは、誕生日のディナーを電話で予約した場合、細かく名前や目的を聞かれます。そして当日にレストランに行くと、自分と相手の名前の刺繍がされているナプキンとウェルカムドリンクがテーブルに用意されています。

さらに、サービスのミネラルウォーターのラベルにも名前が書かれています。食後のカフェラテも名前入りのアートが施されています。その日に乾杯をしたシャンパンのコルクは、キーホルダーにしてプレゼントされます。通常のレストランのサービスを超えるこのような演出が、カシータというお店の熱狂的なファンを作り出しています。これが情緒的な体験であり、相手の心を揺さぶり、信頼関係を築く行為なのです。

別の例として、九州にある墓石屋さんの事例を紹介しましょう。墓石屋は日本では需要が減少し、墓じまいをする人が増えているという斜陽産業のひとつです。しかし、ここでご紹介する墓石屋は毎年業績を伸ばし続けています。その成功の一因が、この情緒的な体験なのです。

ある老婦人が、長年連れ添った夫が亡くなったので、新しいお墓を建てました。その墓開きの一週間前に、墓石屋は老婦人の家を訪れました。そこで、夫婦の馴れ初めや、懐かしいアルバムを共に見ながら老婦人の話を親身に聞いていったそうです。最後に、墓石屋は一枚の写真を借りて行きました。墓開きの当日は、親戚や友人が集まりました。老婦人が挨拶を終えると、墓石屋からブーケが贈られました。老婦人がそのブーケを受け取ると、その場で号泣してしまいました。

周囲の人々は驚き、しばらく沈黙が続きました。しばらくして老婦人は、とつとつとその涙の理由を語り始めました。

「このブーケは、夫から結婚式でプレゼントされたブーケなんです。先日、墓石屋さんが当時の結婚式の写真を一枚持って帰られました。その写真には、これと同じブーケが写っていて、今日の日のために、当時の思い出のブーケを再現してくれたんです。夫との晴れやかな結婚式の風景が蘇りました。この歳になってこんなに嬉しいプレゼントをもらえるなんて。嬉しくて涙が止まらなくなってしまって。本当にありがとうございます」

周囲の人々も、この心温まる演出に感動し、全員が涙したといいます。その場にいた人はこの体験を誰かに話すことでしょう。この感動の輪が広がり、この墓石屋への紹介が後を絶たないのです。

このように、情緒的な体験を演出することは、相手の感情を揺さぶり、信頼を育むことにつながります。このような機会は確実に心に残り、信頼関係を深めます。情緒的な体験を演出するアイデアは無限にあります。相手を思いやり、気配りを持って接するならば、どんな業界でもアイデアは考えられるでしょう。

以上、人間関係構築力を向上するための4つのポイントについて、ご理解を頂けたかと思います。

次に提案力の向上について解説します。人間関係が作れたら、今度は提案力を上げることです。提案をしなくても、こちらの意図を汲んでくれるだろうと考えるのは大間違いです。それは単なる甘えでしかありません。では何を提案するのか。**それは、相手の問題**

を解決するための提案をすることです。営業の仕事とは、顧客の問題を解決することとご理解ください。

そのためには、まずは顧客の問題を発見しなければなりません。顧客が違う問題を抱えているのに、的外れな提案をしても通るわけがありません。顧客が抱えている問題は何なのか、これを捉えるために調査をするのです。調査＝情報収集のことです。情報収集能力は営業力に直結します。情報がないと何を提案したら良いのか分かりません。よくある営業は、自社商品の良いところ、スペックを説明して、相手に判断を乞うタイプ。このような営業をすると、相手は「じゃあ、いくらになりますか？」と値段の交渉になります。商品のスペックなど顧客には興味がありません。そうではなくて、この商品が顧客にどのようなベネフィット（便益）をもたらすのかを伝えることです。

たとえば、顧客はドリルが欲しいわけではありません。穴を空けたいのです。この場合、ドリルの機能をいくら説明しても意味がありません。

私がドリルの営業マンなら、用途は仕事で使うのかＤＩＹなのか。どれくらいの大きさの穴を、どこに開けたいのか。開ける素材は木なのか、鉄板なのか。このような情報を聞き出して、最適な穴を空けるドリルを提案します。これが顧客の問題を解決する営業ということです。

みなさんが情報収集に必要なものは、まずは顧客の戦略を理解することです。さらに出店を加速するのか、現状を維持するのか。チェーンオペレーションを強化するのか、地域に合ったお店づくりを進めるのか。その戦略に沿って、各担当バイヤーがその時期に合わせて販売する商品を決めています。当然、みなさんと同じように予算があり、それを達成することが会社から求められているのです。

みなさんは、担当バイヤーの今年の売上予算を知っていますか。聞いたことがありますか。もし知らなかったら、すぐに確認してください。その予算の中で、サニー社は何％のシェアを占めているのかを把握することです。その情報をもとに、会社が期待するCVS課の売上を3倍にするための戦略を考えるべきです。

つまり、こちらが知りたい情報は、「現状の当社のシェアがいくらで、今後売上を3倍にするためには、そのシェアをどこまで上げるべきなのか」ということ。そのためにはどの顧客に対して、どのカテゴリーのシェアを、どうやって上げれば良いのかを考えることです。

その他にも、バイヤーの社内的な立場を理解しておく必要があります。自分で意思決定ができる権限を持っているのか、決定は常に上長に仰ぐ立場なのか。社内でリーダーシップを発揮する人なのか、フォロアーで追随するタイプなのか。2つとも後者であれば、その上の人とも関係を築く必要があります。

これ以外にも情報収集すべきことは沢山ありますが、提案に必要な情報を見極めて、目的を持って情報収集を行うことが必要です。**情報収集力は営業力に直結します。情報から問題を発掘し、課題形成を図るのです。すべての起点は情報です。**

最後は提案シナリオです。これは主に2つのフェーズに分かれます。**ひとつは提案書の作成、もうひとつはプレゼンテーションの場面です。**

提案書の書き方については、いろいろな指南書が出ていますので、ここで詳しくはお話をしません。ただ、ポイントとなるのは、PREP法を活用することです。PREPとはP（Point・結論）、R（Reazon・根拠）、E（Example・事例）、P（Point・結論）の頭文字をとっています。人は結論に至った根拠を知りたがります。そしてその根拠となる裏付けを求めるのです。ビジネスでは曖昧な主張は、相手を混乱させるだけです。長々と前説を話すよりは、むしろ結論から述べて、最後に再び結論を復唱するこの手法は無駄がなく、有効だと思います。是非活用してみてください。

それでは肝心のプレゼンテーションについてですが、**ここでお伝えしたいのは、プレゼンテーションのゴールをどこに設定するかということです**。提案書ができたら、それを元にプレゼンを行うわけですが、ゴールによってそのニュアンスが変わります。ＢｔｏＢの場合は、その場で即決することは稀です。組織は誰かの独断では進みません。ＢｔｏＣであれば、当人の一存で決定できるでしょう。ＢｔｏＢはこちらがいないところで話し合いが行われて、複数人の合意により決定するのです。

なので、プレゼンテーションのゴールは何かを明確にして臨む必要があります。つまり、商談を次の段階に進めるためなのか、新規の取り引きをしてもらうためなのか。今回は競合よりも実力があることを示す場なのか。このゴールの違いにより、プレゼンテーションの仕方も変わってきます。

私は、プレゼンテーションの最後に、必ず確認することがあります。決定をゴールとした最終プレゼンなら、なおさらです。**それはテストクロージングを試みることです**。

「もし決まるとしたら、大体いつぐらいになるでしょうか」

「最終の判断で一番重視されるものは何ですか」

▶図20／営業マンの基本姿勢

営業が喋ればしゃべるほど顧客は離れていく。
聞けば聞くほど近づいてくる

▼

しゃべるな。しゃべらせろ!

この2つのテストクロージングを投げかけると、おおよその手応えが分かります。

以上のように、営業とは人間関係構築力×提案力であると私は定義します。この2点を強化することを目指してください。マーケティング開発部より、ヒアリングリストと提案商品の叩き台をご提供頂いております。まさに、右記のポイントを強化するツールになると思います。このツールをさらにブラッシュアップすることで、営業力は確実に高まります。

最後に営業のプロの世界で語られる言葉をご紹介します**（図20）**。「営業は喋ればしゃべるほど、顧客は離れていく。聞けば聞くほど近づいてくる」。これを別の表現にすると**「（営業は）しゃべるな、（相手に）しゃべらせろ」**です。

11 プロジェクト前半の推移

これまでのプロジェクトの推移を俯瞰してみましょう。

❶ヒアリングの時点では警戒感あり

各部署の主要メンバーにヒアリングをしました。この段階では、ある程度問題の的は特定できました。半面、何をやらされるのかという警戒心も強かったようです。

❷キックオフでメンバーの心を掴む

ヒアリングから浮かび上がった問題を共有し、このプロジェクトを行う意義を明確にしました。それにより、メンバーのやる気にスイッチが入り、変革の第一歩を踏み出せたと思います。

❸プロジェクトの前半では変化のベースを醸成

問題解決会議を行い、課題に対する思い切った解決策が決め手となりました。その後、各部門の責任者を集めて、「開発スピードを上げる」という長年の懸案事項を解消するための会議を開催することができました。この会議を定例として、各課の進捗状況を報告し、見える化を図りました。会議をはじめた当初は、自分の部署は悪くない、他の部署のここができていない、あそこが悪い、という他責の発言に終始していました。

しかし回を重ねるごとに、この問題は他部署を責めるだけでは解決しないこと、この問題は会社の問題であり、会社の信頼回復いかんに今後の業績がかかっていることに全員が関心を寄せ始めました。

次第に集団的知性が創発され、問題解決のために知恵を出し合う雰囲気に変わっていきました。

❹中間報告会では活動内容と課題の明確化

前半の活動内容を振り返り、中間報告会を行いました。出席者は岡田社長、中村営業本部長、池田次長、管理部の方々でした。ＣＶＳ課からの報告としては、戸田課長から全体報告をして頂き、その後、各営業担当から進捗を報告してもらいました。正直、前半では業績の結果はまだそれほど出ていませんでした。

ただ、中間報告会の目的は、これまでの活動内容の整理と今後の課題の明確化です。ここでの課題は開発納期が目標に到達していないこと、そのことにより秋冬の提案に説得力が出ないことを正直に報告しました。

途中、中村営業本部長、池田次長から結果が出ていないことに対して厳しいコメントもありましたが、岡田社長からは、「今期の黒字化はCVS課の業績にかかっていること、そのためには現在行っている責任者会議を軸に、開発納期を早めることに集中して欲しい、CVS課には期待をしている」というコメントを頂きました。この社長からの一言でメンバーのモチベーションも上がりました。

管理職の役割は、メンバーのモチベーションを上げることです。社長のようなコメントを私は期待してました。具体的な改善を図り、成長を期待するような質問やコメントなら歓迎します。しかし前の2人に対しては「まだ結果が出ていないことを攻め立てて、メンバーのモチベーションを下げてどうするの?」という気持ちが湧き上がりました。しかしそこには触れず、今回は当初の想定通りに、無事に中間報告会を終えることができました。

12 プロジェクト後半は成果創出を狙う

ＣＶＳ課とのプロジェクトが進み、責任者会議では商品開発プロセスの見える化も進んでいます。特に営業はヒアリングによる情報収集力が上がり、提案力も向上してきたため、顧客からの信頼も回復しつつあります。

Ｌ社を担当する今井氏も以前は関係部署とのコミュニケーションに苦労していましたが、今回のプロジェクトで、連携強化が共通のキーワードとして周知されたので、動きやすくなり、開発の進捗状況をこまめに報告ができるようになりました。Ｌ社の彼女に対する信頼も回復基調です。

Ｆ社を担当する近藤氏は経験も浅くやる気を下げていましたが、ベテランの内藤氏が教育係を買って出てくれて、仕事の進め方や社内の連携の仕方などをマンツーマンで指導を受けながら、着々と成長をしているようです。

私は彼らの成長を感じながら、あるタイミングを見計らっていました。潮時を感じたので、次のような提案をしました。

＊＊＊＊＊＊＊＊＊＊＊＊＊＊＊＊＊＊＊＊＊＊＊＊＊＊＊＊＊＊

コンサルタント仁科：そろそろ、これまで開発が遅れていた原因と、現在行っている変革プロジェクトのことを顧客に伝えてはどうでしょうか。会社はそれほど変われないという前提があります。それは顧客も同じことで、どこの会社でもなんらかの問題を抱えているわけです。

なので、組織が変わるということは、顧客にとっても大変興味深い話です。これまでの開発納期が遅いという問題の改善状況を顧客になるべくオープンに共有することが、信頼の回復に寄与するのではないかと思います。

この私の提案にS社担当の佐藤氏が反応しました。S社はCVS課の中でも売上が一番大きい得意先です。前回の春夏商品では、開発納期が遅れるという理由で、他社に案件

が流れたという経緯があります。秋冬の商品で挽回できなければ、今期も大きく予算を割ることになり、会社の業績にも影響するという重責を負っています。

佐藤：仁科さん、僕は今度の秋冬商談の前に、思い切って今回のプロジェクトの話をしてみようと思います。こちらが本気で臨めばバイヤーも理解を示してくれると思います。何とか、ＰＢ開発案件を受注できるよう、ここは思い切って勝負してみます。

＊＊＊＊＊＊＊＊＊＊＊＊＊＊＊＊＊＊＊＊＊＊＊＊＊＊＊＊＊＊

その後、佐藤氏は本プロジェクトの状況と、これまで4～5か月かかっていた開発納期が3か月に短縮できる根拠を持って、秋冬商談に臨みました。佐藤氏は2週間後に控えたプレゼンに備えて、マーケティング開発部と打合せを重ねて、提案の準備をしました。私も提案書のチェックをしました。

最後は彼に「今回の商談のゴールは何ですか」と問いかけました。すると、彼からは**「弊社に開発を任せてもらえば、必ず納期通りに納品することを約束し、今回のプレゼン**

テーションでバイヤーの心に揺らぎを起こすことです」という答えが返ってきました。

これまでは業績の重責を負い、ストレスに耐えながら、何とか会社の期待に応えようと孤独奮闘していました。今ではチームで支え合い、チームで営業をしている確かな手応えがあるようです。チームという心強いバックグラウンドを背負いながら、佐藤氏は今期の山である秋冬商品のプレゼンテーションに臨みました。

一週間後、バイヤーから佐藤氏に連絡が入りました。先日提案した商品が決まったとのことでした。さらに、新たな追加案件の相談がありました。それは昨今ブームになっている「タピオカ」入りの商品開発です。このブームもそれほど長くは続かないだろうという読みもあり、この秋にピークを迎えるという予測のもとに、仮にS社が要望する納期に間に合えば、この案件をサニー社に任せたいということでした。

このタピオカ入りの商品については、S社の全店舗の売り場に並ぶことが決定しており、発売にあたっては、大々的な販促キャンペーンも準備しているとのことです。この案件が受注できれば、CVS課の予算が大幅にクリアするのは確実です。ひいては、サニー社の今期の業績にも大きく貢献し、赤字見込みだった業績が黒字に反転するのは確実です。

そのような背景で、戸田課長から「このS社の案件を受けようと思います」と、私に連絡をもらった時は、私も思わず、「是非成功させましょう」と伝えしました。ただこの案件を受けるにあたり、以下のポイントを押さえるように、戸田課長に指示を出しました。

◯この案件依頼の経緯と納期遵守の重要性を中村営業本部長に伝え、中村営業本部長から岡田社長に以下の指示を会社に出して欲しい旨を伝えてもらうこと

◯その指示とは、「今回のタピオカの商品開発は納期を順守し、必ず成功させること。そのためにはこの案件を最優先事項で取り組むこと」

戸田課長の動きも迅速で、その日のうちに岡田社長から関係部署に発信して頂きました。社長からの号令を受けて、これまで責任者会議で話し合ってきたことを現実的に動かし、関係部署が一丸となって、「タピオカ」の商品開発に取り組みました。その結果、当初の期待を超える品質で、期日通りに発売することができました。

この一件で、S社の信頼を一気に挽回することができました。さらに発売後の商品の売れ行きが好調だったために、初回と同規模の追加発注がありました。**この商品の売上が寄与し、今期のサニー社の業績の黒字化は決算を待たずに確定することができたのです。**

13 プロジェクトの最終講義
―集団的知性の創発とセレンディピティ―

いよいよプロジェクトの最終講義に入ります。

＊＊＊＊＊＊＊＊＊＊＊＊＊＊＊＊＊＊＊＊＊＊＊＊＊＊＊＊＊＊＊＊＊

コンサルタント仁科：今回のプロジェクトは当初の目標を実現できたと思います。みなさんはそれぞれの持ち場でリーダーシップを発揮されて、とてもよくがんばったと思いますし、チームとしても大きく成長されたと思います。長年の懸案事項であった「商品開発スピードの短縮」という問題を解決し、この状態を維持する仕組みを作ることができました。これは予算を達成すること以上の恩恵をサニー社にもたらしたことと思います。

ここで改めて集団的知性の創発とセレンディピティ（偶発的幸運）についてお話をした

▶図21／心理的安全性の背景

■エイミー・C・エドモンドソンが1999年に提唱した概念

■グーグルチーム「通称プロジェクト・アリストテレス」における
高いパフォーマンスを上げるチームの研究の結果（2015年）

■チャールズ・デュヒック
2016年『ニューヨーク・タイムズ・マガジン』のレポート
⇒学歴、趣味、友人関係、性格的特性等々は関係なかった

■明確な目標
■頼れる仲間
■個人的に意味のある仕事
■その仕事に影響力があるという信念
■心理的安全性：3年の調査により、本項目の重要度は群を抜いており上記4つを機能化する土台であることが明らかになった

いと思います。

（図21、22）をご覧ください。

私は心理的安全性を高めることを意識してこのプロジェクトを進めてきました。心理的安全性とはハーバード大学のエイミー・C・エドモンドソン教授よって1999年に提唱された概念です。心理的安全性の定義は**「チーム内は対人リスクがなく、安全な場所であるとメンバー間で共有された状態」**のことです。言い換えれば、誰にでも気兼ねなく自分の意見を言えて、いつでも自分らしくいられる組織風土のことです。

▶図22／心理的安全性の定義

心理的安全性とはメンバー同士がお互いに感じよく振る舞うことではない。
率直であるということ、建設的に反対したり、気兼ねなく考えを交換し合ったりできるということ。

つまり組織チームの中で自分が発言・行動したときに、他の人からどう見られるか、何と言われるかという怖れを抱かずに自由に発言したり、行動したりできる状態のこと。

・業績向上に寄与する
・離職率が低下する
・イノベーション、プロセス改善が起きやすくなる
・意思決定の質が上がる
・情報、知識の共有がし易くなる
・チームの学習が促進される

その後、２０１６年にグーグル社の研究成果がニューヨーク・タイムズ・マガジンで発表されました。グーグル社は、「組織のパフォーマンスを決める要因は何か」を特定するために、「プロジェクト・アリストテレス」を立ち上げ、莫大な費用をかけて、４年間にわたりエンジニア系１１５、営業系65の合計１８０チームを調査しました。

その結果特定された因子は、「①心理的安全性、②メンバーの信頼感、③構造の明瞭性、④仕事への有意味感、⑤仕事の社会性」

▶図23／心理的安全な場とは

■持論を戦わせる場
・知的な人が多く、競争が激しい環境で起こりやすい
・常に知性や能力が評価されている感覚で本音を話しにくい
・「無知の不安」「無能の不安」が渦巻き「強がりの仮面」をつけやすい

■空気を読みあう場
・付き合いが長く、馴れ合いの心地よさが浸透している環境で起こりやすい
・顔色で相手の気持ちを察することが多いので異なる意見が出にくくなる
・「邪魔への不安」「否定への不安」を感じるため「いい人の仮面」をつけがち

■本音で共創する場
・多様な意見の組み合わせこそが価値創出の源泉である、という価値観が共有されている環境が必要。「他人と異なる意見」が自然体で言え、自分と異なる意見を冷静に受け止められること。高い心理的安全性を維持した、理想的な共創の場といえる。集合的知性の創発は期待できる

の5つでした。中でも、①の心理的安全性は他の4つを機能させるための土台であり、前提だと結論付けました。日本においても、心理的安全性という言葉が浸透し、いかにこの心理的安全性を高めるかがキーワードになってきました。

次に、一見心理的安全なように見えて、実際には心理的安全性を欠いている事例を2つ、最後に心理的安全性を体現している事例をご紹介いたします（図23）。

1つ目は、「持論を戦わせるような場」です。心理的安全性が高い組織とは、自分の意見を気兼ねなく言える風

士のことですが、それは持論を展開して、相手を打ち負かすことではありません。相手の意見を聞いて、相手に理解を示すことが前提にあります。つまり、相手に敬意を持って接するということです。

持論を戦わせるような場になってしまうのは知的な人が多く集まり、競争が激しい環境で起こりやすいと言われています。わかりやすい例で言えば、田原総一朗氏が司会の長寿番組『朝まで生テレビ』でしょう。毎回テーマを掲げて、その道の専門家が持論を展開し、活発な議論が行われます。テレビでの生中継という緊張の中、知性や能力が試される場であることは間違いありません。このような場面では「無知の不安」「無能の不安」が渦巻き、「強がりの仮面」をつけやすいと言われています。

2つ目はそれとは対照的に、「空気を読みあう場」に陥ってしまう事例です。付き合いが長く、馴れ合いの心地よさが浸透している環境で起こりやすいと言われています。このような場面では、顔色で相手の気持ちを読み合うので、空気を読みすぎて異なる意見が出にくくなりがちです。自分が邪魔をしてしまうのではないかという不安や、否定的な人と見られることへの不安を感じ、いい人の仮面をつけがちになります。

心理的安全性が高い場というのは、上記2つの場面とは異なり、**「お互いが本音で語り**

▶図24／心理的安全性を測る7つの問い

以下、非常にそう思う（5点）、全くそう思わない（1点）で採点。
①このチームでは、ミスをしたら咎められる（R）
②このチームでは、メンバーがいつでも問題を提起することができる
③このチームの人々は他者との考え方や、やり方の違いを認めない（R）
④このチームでは安心してリスクを取り、チャレンジすることができる
⑤このチームのメンバーには、助けや支援を求めにくい（R）
⑥このチームには私の努力や成果を故意に否定するような人は誰もいない
⑦このチームのメンバーと仕事をするときには、それぞれ固有のスキルと能力が高く評価され、活されている

※35点満点で平均が21点ですので目安にしてください。
※1，3，5番は点数を逆に計算すること。例）1点→5点、2点→4点

共創する場」です。そのためには、多様な意見の組み合わせこそが価値創出の源泉であるという考え方が共有されていることが必要です。**「他人と異なる意見」が自然体で言え、自分と異なる意見を冷静に受け止められること。これが高い心理的安全性を維持した、理想的な共創の場といえます**。このように心理的安全性が高い場が形成されると、集団的知性の創発は期待できるというわけです。

ちなみに、心理的安全性が高いかどうかを測る簡易的な設問がありますので、確認してみましょう。**（図24）**をご覧ください。この7つの設問に回答してみてください。おそらく、プロジェクトが始

まる前は、みなさんの点数はそんなに高くなかったように思います。今はどうでしょうか。おそらく平均を超えているかと思います。

なぜなら、みなさんは既に本音を語れるチームになったからです。ミスをしてもフォローし合う組織風土を築けています。その結果、大きな問題を解決するために既に何度もチャレンジしてきたのです。このような心理的安全性を高めるために、このプロジェクトを実施してきたと言っても過言ではありません。

それでは、私たちが心理的安全性を高めるべき目的は何でしょうか。**それは、働きやすさと働きがいを実現することです**。さらに、**集団的知性を創発することです**。この集団的知性とは、多くの個人の協力と競争の中から、その集団自体に知能、精神が存在するかのように見える知性のことです。

わかりやすく言えば、「三人集まれば文殊の知恵」という表現そのもので、個の総和以上の知性を発揮する集団のことです。この集団的知性は、人間のみならず細菌、動物、コンピュータなど様々な集団の意思決定の過程で発生するという研究結果があります。さらに一度、集団的知性が発揮されると、集団が協調し、より高い知的能力を発揮することが明らかになっています。

研究者の間では「協調と革新を通してより高次の複雑な思考、問題解決、統合を勝ち取り得る、人類コミュニティの能力」と定義されています。集団的知性を発揮するための条件は、以下の6つに整理されています。

❶構成メンバーの相手の感情を読む能力が高いこと
❷メンバーに女性が含まれていること
❸オンラインではなく、実際にリアルに顔を突き合わせた状態で仕事をすること
❹メンバーの属性に適度な多様性があること
❺メンバーの立場が平等で、コミュニケーションしやすい雰囲気であること
❻過剰に牽引するリーダーがいないこと

みなさんのこれまでの活動を振り返り、集団的知性が発揮される条件が整っていたと思いませんか。

私は今回のプロジェクトを通して、みなさんが見事に個の総和以上の力を発揮し、大きな成果を出されたと思います。今後もこの集団的知性を発揮して、さらに知的生産性の高い組織に発展されることを期待します。

次に、セレンディピティについてお話したいと思います。私が組織変革プロジェクトを行うと毎回、必ずこの「偶発的幸運」とも呼ぶべきセレンディピティが起こります。今回象徴的だったのは、S社からの「タピオカ」関連の商品開発の依頼があったことでしょう。これを事前に予期していた人は誰もいなかったと思います。**チームに一体感が生まれ、一丸となって目標の実現に向かっている時に、このセレンディピティは起こるのです**。不思議とこれは必ず起こります。

量子力学という目に見えない世界を科学する学問があります。この学問は現代科学の最先端とされ、これまでの物理学の常識を次々と覆しています。**（図25）**をご覧ください。量子力学の研究の中で有名なトーマス・ヤングの二重スリット実験があります。少し難しい話になりますが、お付き合いください。

電子銃と呼ばれる装置から微細な光源（電子）を平行な2つのスリット（長方形の穴）に通すという実験です。電子銃から放たれた電子はスリット板を挟んで光源の反対側に設置された奥のスクリーン上に銃の痕跡が残るように設置されています。

▶図25／二重スリット実験

1805年に物理学者のトーマス・ヤングがコヒーレントな光源からの光を平行な2つのスリットを通すと、スリットを挟んで光源の反対側に設置されたスクリーンの上に干渉縞を生じることを示した。光の波動性を示す現象である。不思議な現象は人間が観察すると「粒」として観測され、逆に観測をしないと「波」としての状態を保持する。

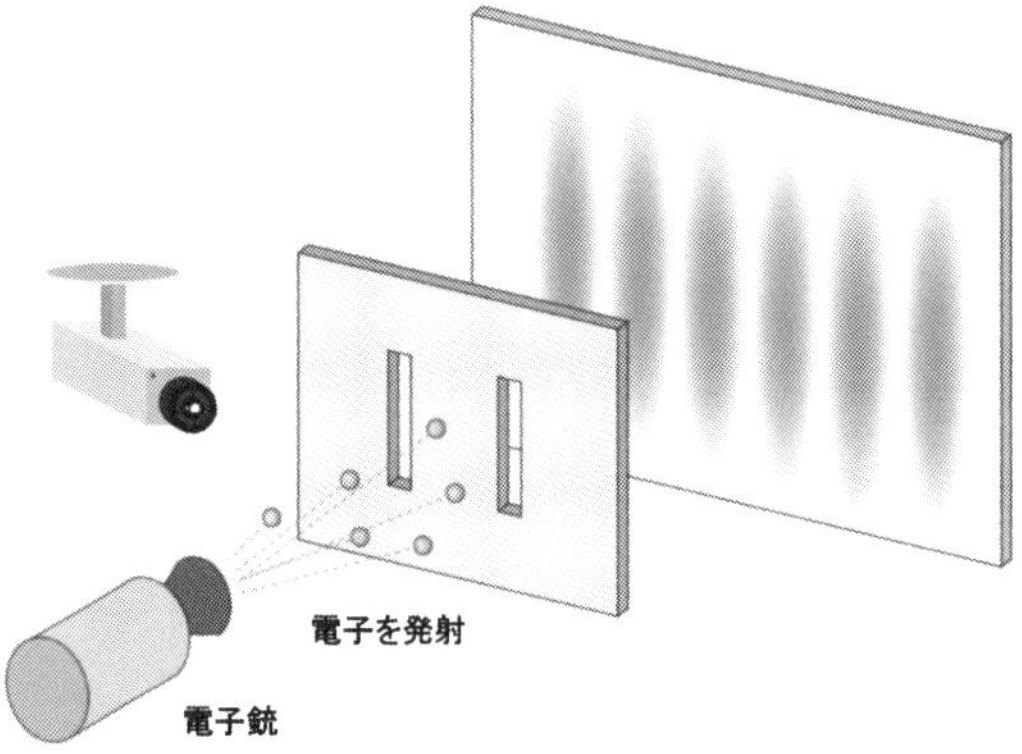

ここで不思議な現象が起こります。それは人間がこの光源を観察すると「粒」として観測され、逆に観測をしないと「波」としての状態を保持するということなのです。わかりやすく言えば人間の意志が、物質である電子に影響するということです。

この目に見えない世界の科学を現実世界に置き換えると、人間は意識を向けたものに影響を与えることができるということです。直接物理的に手を加えることがなくても、です。世界中で行われているこの量子力学の研究は日進月歩、指数関数的に進んでいて、一般人では到底解釈が追い付かないほどです。

私がここでみなさんにお伝えしたいことは、意識が変われば現実が変わるということです。そのことは、最先端科学の量子力学が証明しています。

このことから、チームが一体となれば、その集団的意識は現実世界に影響を与えることができるということがわかります。今回もまた、この原理が作用して、みなさんにセレンディピティが起こったという考え方もできるのではないでしょうか。

私はここでみなさんにお伝えしたいのは、意識の持ち方ひとつで現実が変わるということです。つまり意識の持ち方ひとつで、みなさまの人生は変わるということです。この話はこの辺で終了しますが、この世にはこんな法則もあるんだということを頭の片隅に置いておいてくださいね。

今回のプロジェクトの講義はこれで以上になります。最終報告会に向けて、しっかりとリハーサルをして臨みましょう。

14 成果報告会で圧倒的なプレゼンテーションを飾る

最後に成果報告会の模様をお伝えしておきます。

成果報告会の参加者：岡田社長、中村営業本部長、斎藤生産本部長、マーケティング開発部川村部長、池田次長、管理部

＊＊＊＊＊＊＊＊＊＊＊＊＊＊＊＊＊＊＊＊＊＊＊＊＊＊＊＊＊

戸田課長：本日は大変お忙しい折、ＣＶＳ課の組織変革プロジェクトの成果報告会にご出席賜り、誠にありがとうございます。本日はこのプロジェクトを通じて、ＣＶＳ課のメンバーが具体的にどのような活動を行っていたのか、その内容をご報告させて頂きます。

▶図26／××期業績報告

CVS課全体実績

単位＝百万円

通期実績	目標値	実績	予算比率
売上	2,4××	3,×××	125%
利益	6××	9××	151%

重点企業3社実績

	目標	実績	予算比率
S社	96×	1,3××	135%
L社	76×	1,0××	132%
F社	16×	19×	118%

私たちは、改めてこの活動を振り返り、整理をすることで、新たな気づきと学びを得ることができました。この学びを共有し、新たな成長課題を発見し、その解決に向かうという成長のスパイラルを築くことが、今回のプロジェクトの目的だと理解しています。

上記を踏まえて、メンバーを代表し、私、戸田が成果報告をさせて頂きますので、何卒宜しくお願い致します。

まずは**（図26）**をご覧ください。今期のCVS課の実績になります。おかげさまで、関係各部署のご協力を頂き、全体の予算に対して売上125％、利益151％で着地をすることができ

▶図27／チームの課題（スタート時点）

■問題
①商品開発の納期遅れ、顧客からの信頼の失墜
②顧客のニーズにあった商品提案ができていない

■問題の解決
①開発期間を短縮し顧客が求める納期を厳守する体制作り
→部門の責任者を中心に連携を強化する仕組み作り
②情報収集力を向上し、顧客のニーズを掴む
→マーケティング開発部との連携の強化

ました。この要因としては、前年までは予算未達が続いていたCVS課の売上の40％を占めるS社が、開発スピードの短縮へ向けた業務改革の取組み状況をS社に伝え、納期短縮の実現可能性を示したことで、顧客の期待値を引き上げ、大型の季節商品が受注できたことが挙げられます。結果として、当初の納期よりも前倒しで納品することができ、顧客の信頼を獲得することができました。

さらに、L社についても、同じように前期は他社へ開発が取られた商品を秋冬で取り返し、こちらも納期通りに納品をすることができました。また

▶図28／課題解決の実行内容

■問題の解決策①
開発期間を短縮し顧客が求める納期を厳守する体制づくり
●実行内容
・責任者会議を開催し、開発スピードが遅い原因を洗出した
・会議を定例化し各部署の進捗を共有した
・営業はプロダクトマネジャーとして役割を明確にした
・開発スケジュールの見える化シートを作成した

■問題の解決策②
情報収集力を向上し、顧客のニーズを掴む
●実行内容
・マーケティング開発部より以下の2点の協力を頂いた
→マーケティング開発部よりヒアリングリスト
→マーケットインに軸足を置いた商品提案書の叩き台
・上記を元にマーケティング開発部と担当営業が密に連携を図った

F社については、チームで協働しながら進めることができ、予算を大きく超えることができました。これらの成果は、CVS課と会社の未来にとって大変価値のある体験だったと思います。

次に（**図27**）をご覧ください。プロジェクトスタート時の問題は大きく以下の2点に集約されます。1つ目は、商品開発の納期遅れが続き、顧客からの信頼の失墜してしまったことです。具体的に申し上げれば、競合他社の商品開発は3か月という納期に対して、弊社は4か月以上の納期が常態化していました。2つ目

は、私たち営業の力不足です。ここに書かれた通り、顧客のニーズにあった商品提案ができていないことで、新たな商品の受注に繋げられなかったというのが正直なところです。

上記2つの問題を解決するために、1つ目については、関係部署の責任者を集めて会議を開催しました。2つ目については、マーケティング開発部との連携を強化することで、提案力の向上を図りました。**（図28）**はその解決策の具体的な内容になります。

まず、開発期間を短縮して、顧客が求める納期を厳守する体制づくりです。先程申し上げた通り、各部署の責任者を集めて、問題の原因の洗い出しと、その解決を検討する会議を実施しました。当初は、誰もが自部署ではなく、他部署に問題があると考えていました。しかし会議が進むにつれて、自部署にも問題がありそうだと、他責から自責への思考転換が起こりました。その後は、問題を共有し、解決に向けて協働する仲間としての意識が高まりました。

結果として、当初の他責志向は薄れていき、各部署の業務の進捗を共有する会議に変化していきました。さらに、営業がプロダクトマネジャーと任命され、統括管理者としての立場が明確になりました。これにより、全員で業務の進捗が共有できる「開発スケジュールの見える化シート」が完成し、マネジメントの仕組みができあがりました。

次に、情報収集力を強化し、顧客のニーズを掴むというテーマについては、マーケティング開発部の協力のもと、顧客から聞き取るべき項目を網羅したリストができました。これにより、必要事項を漏れなく聞き取ることができるようになり、マーケティング開発部への情報共有と、営業の効率化に大きく寄与したと思います。

さらに、商品提案についてですが、これまではプロダクトアウトの発想でしか提案ができていませんでした。顧客のニーズを聞き取り、マーケティング開発部と連携して提案するという流れを作ることができました。これにより私たちの提案が顧客視点にシフトできて、マーケットインの商品提案を行えるようになりつつあります。結果として、顧客の期待値も上がり、今回の受注につながったと考えています。

この開発にあたっては、岡田社長をはじめ、中村営業本部長、斎藤生産本部長の号令のもと、各部署の協力を得て、品質、納期ともに目標を完遂することができました。この場をお借りして、関係各署に改めて御礼を申し上げます。

次は本プロジェクトによる意識と行動の変化についてです（**図29**）。まずプロジェクト前の意識を振り返ると、開発については、商談結果を報告すれば、各部署の担当の人がやってくれるだろうと正直任せっぱなしでした。そうは言っても、発売日に間に合うのか

▶図29／意識と行動の変化

	プロジェクト前	現在
意識	○商談報告をすれば、各部署それぞれの人がやってくれるだろう… ○発売日に間に合えば良いが? ○多分途中で調整が必要だろうな?	○商品を開発するにあたっては、沢山の人が携わっている。 ○自分たちだけが苦労しているのではなく、一人ひとりの役割を認識した上で、自らリーダーシップを発揮し最初から最後までの進捗管理を行う。
行動	遅れたら「どうにかして下さい」と電話またはメールでお願いをする。	TV会議等を通じて情報共有すると共に自らプロマネとして「開発状況見える化シート」を元に常に確認を行い、遅れている部署に対して共有または調整を図る。

という不安が常に付きまとい、間に合わなければ、その時点で調整に入るという、いわば出たとこ勝負で、進捗を管理するという意識が希薄だったと思います。現在は各担当の役割を認識した上で、営業が自らリーダーシップを発揮し、最初から最後までの進捗管理を行うという意識で取り組むことができています。

また、行動の変化についてですが、かつては、進捗が遅れたら「どうにかしてください」と電話またはメールでお願いをするしかありませんでした。今では、TV会議などを通じて随時関係部署と情報共有をしています。プロ

▶図30／今後の課題と提案

課題

■プロダクトマネジメント力の向上

■顧客、競合他社の情報収集力の向上

■マーケットリサーチ力の向上

提案

■人員の増員

■全社での定期的な成果報告会

ダクトマネジャーとして「開発状況見える化シート」を元に進捗の確認を行い、遅れている部署に対しては状況の共有をしながら他部署と調整を図るという、主体性を持った進捗管理を行っています。

また、今後についてですが、以下3つの課題と2つの提案について述べたいと思います（**図30**）。まずはプロダクトマネジメント力の向上です。今回から役割を背負い、自覚と責任感は芽生えたものの、管理の仕方、コミュニケーションの取り方、スコープの捉え方など、未熟な部分も多く、自信を持ってマネジメントを遂行するには、さらに知識と経験を磨く必要があると思います。

また、顧客へのヒアリング能力は上がりつつありますが、競合他社の情報や動きについてはまだまだ情報収集が不足しており、他社に流れる案件が多くあります。さらに、マーケットリサーチの必要性は理解しているものの、その時間も取れていないというのが現状です。顧客の先にある消費者が求めるものを開発し、投入するというのが開発営業の本来の姿ではないかと思います。その力はまだまだ足りていないと思いますので、力をつけていきたいと思います。

最後に、私たちから2つのご提案です。1つ目は、CVSはまだまだ伸び代があると思います。大手3社以外はほとんど手付かずの状況です。営業の人員が増えれば、業績アップの可能性がありますので、人員の増強をお考え頂きたいと思います。

2つ目は、今回のプロジェクトでたくさんのことを学ぶことができましたが、一番は本日も含めた報告会だと思います。この報告会という場があることで、課題の整理と今後の方向性を確認することができます。営業部門のみならず、全ての部署で、成果と課題を発表する機会を持つことで、他部署の成果や課題を共有することができると思います。さらにサニー社の一体感を高めることに繋がると思います。年に一度の全社発表会の開催をご

▶図31／今後に向けての方針

●我々CVS課メンバーは、常に話し合い、部門の壁を越えた「連携」で企業価値向上及び売上拡大を図ります。

●問題を一人で抱え込み「できない」状態で思考を止めることなく、メンバーと協力し「どうしたら出来るのか」を考え、集団的知性を発揮していきます。

●そして周囲に気遣いのできる、素敵なビジネスパーソンを目指します。

提案致します。

最後になりましたが、私たち、CVS課の今後に向けての方針をお伝え致します（**図31**）。

我々CVS課メンバーは、常に話し合い、部門の壁を越えた「連携」で企業価値向上及び売上拡大を図ります。問題を一人で抱え込み「できない」と思考を止めることなく、メンバーと協力し「どうしたらできるのか」を考え、集団的知性を発揮していきます。そして周囲に気遣いのできる素敵なビジネスパーソンを目指します。

以上が、今回の組織変革プロジェクトの成果報告になります。ご清聴頂きありがとうございました。

＊＊＊＊＊＊＊＊＊＊＊＊＊＊＊＊＊＊＊＊＊＊＊＊＊＊＊＊＊＊＊

会場からは拍手が起こりました。その後、参加者のみなさまからご講評を頂きました。実績に裏付けされた自信に満ちた発表に、ネガティブなコメントや質問は一切ありませんでした。岡田社長からは、ＣＶＳ課の主体的な働きと貢献に感謝の言葉を頂き、成果報告会も無事に終えることができました。

15 オーナーへの総括と課題提案によりプロジェクトを完了

成果報告会を無事に終え、その後、改めてプロジェクトのオーナーである岡田社長に今回の総括と今後についてのご提案の機会を頂きました。はじめに、岡田社長から今回のプロジェクトのおかげで、当初の目標であった今期の着地が黒字化で迎えられたことに対してお礼の言葉を頂きました。

私からは、今回のプロジェクトが上手くいった要因として5つのポイントをお伝えしました。

❶問題が明確で、その問題に対して強い不満を抱いていたこと

これについては、各部署にヒアリングをした時点でどの部署からも感じたことです。しかし、不満とは裏返せば、理想の状態があるから、不満が出るということでもあります。

この不満が強ければ強いほど、解決したいという思いも高まります。この不満を上手く持っていけば、変革の起爆剤になると確信していました。逆にこれが弱いと、諦め感が強いということになり、焚きつけるのに時間がかかってしまいます。

❷CVS課のメンバーの素直さが迅速な行動力につながったこと

営業は常日頃から「商品開発に時間がかかり過ぎている」という問題に悩まされ、顧客の信頼が揺らいでいる状況でジレンマを抱えていました。そのような中で、この問題を解決するために、このプロジェクトを実施することになり、お互いに目的を合意した上でスタートできました。つまり、強い不満、営業現場の危機感が重なり、彼らの迅速な行動力につながったと思っています。

❸マーケティング開発部の川村部長が積極的に動いてくれたこと

彼は今回のプロジェクトに多大な貢献をしてくれました。責任者会議でも指南役としてメンバーをリードしてくれました。さらに、マーケティング開発部として、営業パーソンの育成にも尽力してくれました。例えば、顧客からの情報を聞き出すためのヒアリングシートの作成、商品提案の叩き台の提供などです。彼は間違いなく、今後のサニー社を牽引する一人になると思います。

❹メンバーが本音を話せる場ができて、心理的安全性の高いチームが作れたこと

これは組織変革をする上で非常に重要なことなのですが、自分の意見が気兼ねなく言えて、本音で話せる風土が作れたことです。遠慮がちに建前で会話されても、変革には結びつきません。本音のパワーが変革を起こします。メンバーの素直さも相まって、大胆な問題解決方法が導き出され、実行に移されました。早期に心理的安全性の高いチームが作れたことが、成功要因のひとつであったと思います。

❺営業に商品開発を統括するプロダクトマネジャーとしての自覚が芽生えたこと

この営業がプロダクトマネジャーを担うということを、責任者会議の場で公に決定できたことが大きかったと思います。これまでは、統括する立場の人が不在でした。現状は多くの人が開発に携わっている中で、統括責任者が不在のままでは難しかったと思います。

この点はヒアリング当初から指摘がありましたが、サニー社の他責志向の組織風土では、この意思決定に至るのは難しかったのではないかと思います。実務的な仕組みづくりとして、一番効果があったのは、この営業をプロダクトマネジャーとして任命したことだと思います。

右の5つのポイントをお伝えし、岡田社長には納得して頂くことができました。その後、今後の提案としてもうひとつの課題部署である、量販店を担当している営業の問題を以下のようにお伝えしました。

○目標が曖昧で戦略が不透明
○問屋任せの営業体制
○売れ筋商品の廉売で利益率が下がっている

次年度はこの問題を解決するためのプロジェクトをやりませんかと提案しました。岡田社長も問題認識を新たにし、次年度の優先的事項として、新たなプロジェクトのスタートが決まりました。

16

組織変革のポイントは心の生態系を理解すること

これまでは、私のコンサルノウハウを、事例と共にみなさまにお伝えしてきました。もちろん現場は生ものです。現場ごとに問題も変わり、その問題を解決すべくメンバーを導くやり方は、１００現場×１００通りです。しかしどの現場でも外せないのは問題の所在を明らかにすることです。その問題の真因を突き止めて、あぶり出すことが最も重要なことです。

本書でもこのことは何度もお伝えしてきました。その問題を特定できたら、次はどの部署に対して、どのようなメンバーで、問題解決へと導くのかを考えることです。もちろん、組織を変えるのは簡単ではありません。そこには人の感情が絡み、作用するからです。何をどう解決するかと同時に、人の感情をどう刺激すれば、前に進むのかを慎重に考えて決断することです。

人はロボットではありません。**人を動かそうとするならば、「論理的イエスよりも、感情的イエスを取りに行け」という言い回しがあります**。そのためには、目に見えない心の生態系を理解することです。この観点から組織を俯瞰すると、ボトルネックが浮かび上がってきます。

今回の事例で考えると、やっかいな人物だが敵対してはいけない代表格は中村営業本部長です。コンサルタントを明らかに毛嫌いしている様子を察しながら、なるべく相手の感情を乱さないように、刺激しないように、波風を立てないように進めていきました。なぜならば、営業本部長というポジションは営業メンバーからすると、絶対的な権力者です。**この権力者が今回のメンバーに「プロジェクトにあまり時間をかけるなよ。自分たちの仕事を優先するんだぞ」というような一言を発せられたら、その時点でメンバーのやる気は失墜します**。

その次に厄介だったのは、池田次長です。彼は営業の能力は高いのですが、自意識が強いタイプです。もちろん会社にとってはこのようなタイプの方は必要ですし、活用の仕方いかんでは十分な貢献をしてくれる方でもあります。

オレンジカンパニーで活躍していた当時は、バリバリの営業マンという感じでした。会議でも自分の意見をはっきりと述べて、若きリーダーというイメージでした。その後、行き過ぎたパワハラがきっかけで、サニー社に出向になりました。私もオレンジカンパニー当時のイメージがあったので、組織変革に力を貸してもらおうと思い、懇親会を設けました。

しかし、その時の彼の評論家的な話しぶり、部下の能力不足を嘆くばかりの姿勢から、彼を入れると危険というアラートが鳴ったのです。当初の目論見は外れましたが、メンバーを選定するという観点からは、この機会はとても有効でした。

その後、彼にはプロジェクトから外れてもらうという言い方ではなく、見守ってほしいという意向を伝えました。定期的に進捗状況を報告するので、気づいたことはアドバイスをして欲しいということも伝えていました。もともとメンバーとの関係があまり良くなかったこと、メンバーも彼を煙たがっている様子から、少し距離をおけば邪魔をされることはないという感覚はありました。今回はこの対応が功を奏したと思います。

次はマーケティング開発部の川村部長についてです。彼はサニー社の正社員で、かつてＣＶＳ課を立ち上げて、サニー社の業績拡大に貢献した功労者です。ヒアリング時、彼との対話を通じて、その高い能力と強固な意志を感じました。

かつて、京セラを創業した稲盛和夫氏は、人生と仕事の成果は「考え方×熱意×能力」で決まると言っています。私は川村部長と対話しながら、この式を当てはめて観察していました。彼からは誰よりもサニー社への強い愛情を持ち、この会社をより良くしたいという情熱が伝わってきました。私はこのプロジェクトのキーパーソンは彼だと確信したのです。

この時から私は、彼をどのように活用すれば最大限の力を発揮できるかを考え続けました。結果的に、前述の通り素晴らしい動きを見せてくれました。彼の貢献なくして、今回のプロジェクトの成功はなかったでしょう。

最後に、Ｓ社から「タピオカ関連」の開発依頼があった際に、戸田課長へ出した指示について解説します。私はこの時、戸田課長にまず、この件を中村営業本部長に伝えて、中村営業本部長から岡田社長へ全社に対して指示を出してもらうよう依頼してくださいと伝えました。

その理由は、組織の秩序を重んじることで、主要人物の顔を立てるということです。組織は、指示命令系統があり、その秩序を重んじることで、スムーズに機能します。

その秩序を乱して、戸田課長が直接岡田社長に直談判しようとすると、その場は上手くいくかもしれませんが、中村営業本部長の顔をつぶすことになります。そうなると、組織の心の生態系を崩すことになり、後々上手くいかなくなる可能性があると考えたのです。

また、敢えてこの場面で岡田社長から号令を出してもらったのは、もともとの組織風土がトップダウンの強い組織風土だったからです。個人の主体性が強く、現場の判断で仕事を進めていく組織であれば、違うアプローチをとったと思います。トップダウンで動くことに慣れ親しんできた組織が、真の意味で主体性を発揮するようになるには時間がかかります。このような組織はトップからの号令には絶対的に従います。その号令の勢いが強いほど、それに応える力も強くなるというのが特徴です。組織感情のどこを、どう刺激すれば最適に動くのかを見極めることが重要です。

さらに、この案件の成功体験が、このあとの商品開発の仕組み作りに大きく寄与すると判断しました。この案件の成功こそが、プロジェクトの成功を左右すると思いました。

そのような理由により、岡田社長から「何としても成功するように」と全社に発破をかけてもらうように運んだというわけです。

このように、組織変革を成功させるには、心の生態系を理解し、適切な人材を選抜し、必要な人材のポテンシャルを最大限に引き出すことが重要です。本書では「コンフォートゾーン」という言葉を用いて説明しましたが、基本的に人は変化をしようとはしません。組織の変化は尚更難しいものです。

それがゆえに、外部のコンサルタントが求められるのです。これまでの組織風土に変化を起こすには、社内の人材だけでは変革は難しいのです。つまり、外部からの刺激が変革には不可欠なのです。これからコンサルタントを目指す方々には、是非このことを気に留めておいて頂ければと思います。

Chapter

4

これからの組織に必要なこと

01 世代間の葛藤を克服する

この最終章では、これからの組織変革に必要な考え方をお伝えします。現代はＶＵＣＡ（Volatile：変動性・Uncertain：不確実性・Complex：複雑性・Ambiguous：曖昧性）のご時世と呼ばれ、文字通り先行き不透明な時代となりました**（図32）**。コロナパンデミックに始まり、各地で起こるハリケーンやマウイ島の山火事などの未曾有の災害が次から次へとやってきます。ロシアとウクライナ戦争はいつ終焉を迎えるのか予測ができません（２０２３年11月現在）。今年8月には初めてのＢＲＩＣＳ（ブラジル、ロシア、インド、中国、南アフリカ）サミットが開催され世界に新たな秩序が誕生しようとしています。

私たちは、これまでの常識が通用しない時代、いわばカオスと呼ばれる混沌とした時代へと突入しました。**一方で、このようなカオスの状態は、小さな変化が大きな変化に発展するという時代の表れでもあります**。カオス理論では、これをバタフライ効果と呼び、

▶図32／VUCAの時代

予測不能な現代の社会経済環境の状態

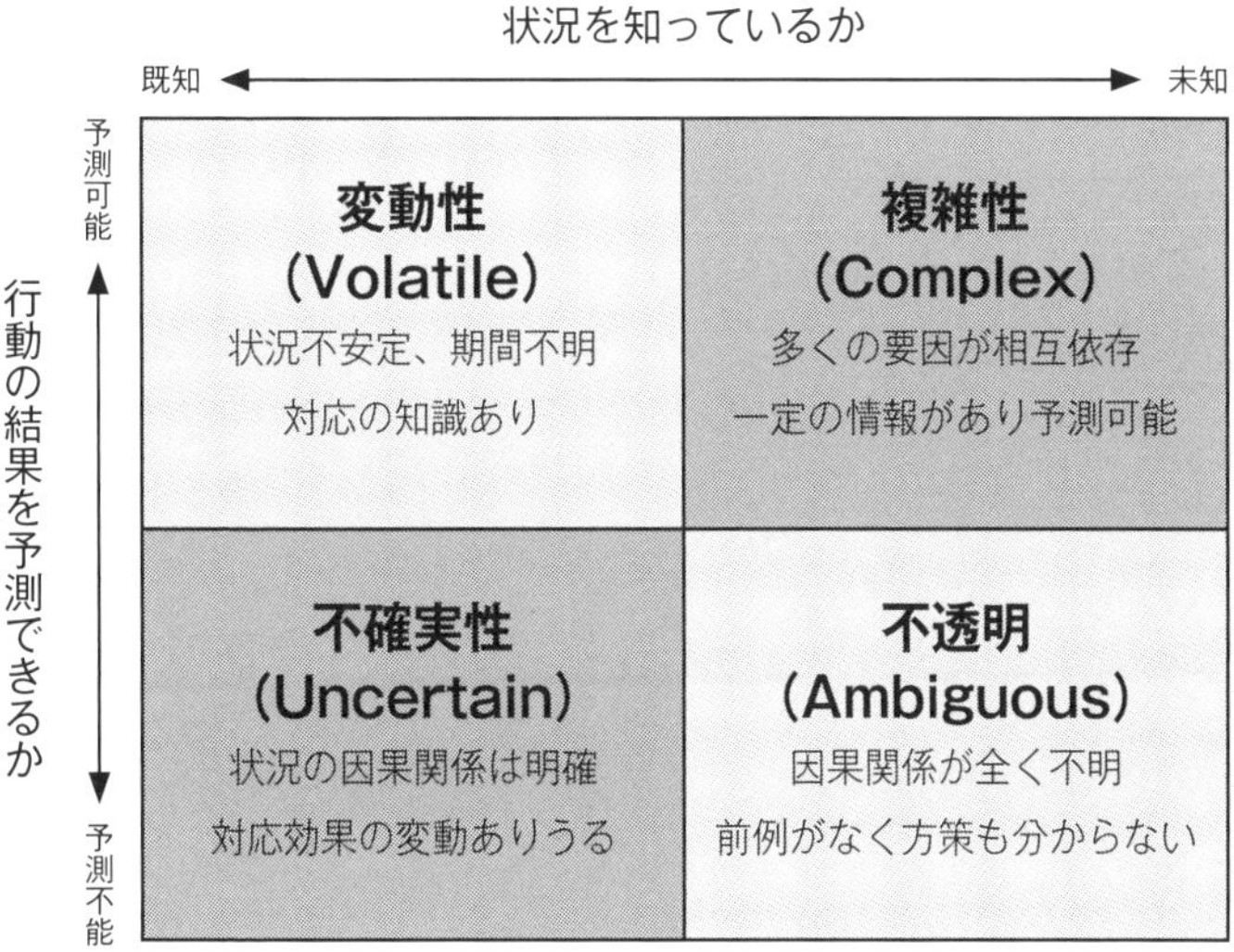

「北京で蝶が羽ばたくとニューヨークで嵐が起きる」と比喩的に表現されます。ひと昔前までの秩序が保たれて、整然とした時代には逆に変化が起こりにくかったということでもあります。

これは会社も組織も同じことです。何が起こるか予測がつかないビジネス環境においても、このバタフライ効果は有効だということです。この前提を踏まえて、これから組織変革のポイントになる考え方をお伝えします。

現代は世代間のギャップが大きく、歪みが生じています。時代があまりにも急激に変化してきたため、同じ時代に生きているにも関わらず、青年期にどの時代を経験してきたのかによって、価値観が大きく異なっています。ここでは、それぞれの年代で生きてきた環境が異なる背景を解説します。

ここで、現代の社会は価値観が異なる様々な人々が混在しているということを、ご理解いただければと思います。わかりやすく言えば、約260年続いた江戸時代は、生まれてから死ぬまで環境も常識もほとんど変わらずにいることが可能でした。つまり、人生経験が豊富な長老の知恵が頼りにされていた時代といえるでしょう。

それでは、世代別の価値観を紐解いていきます。

❶団塊の世代（1947〜1949年頃生まれ）の特徴

この世代は戦後のベビーブームで生まれた方々です。大学がバリケードで封鎖されるような学生運動が盛んな時期に青春時代を過ごしました。日本の高度経済成長期に社会人となり、バブル経済期の頃は日本の「右肩上がり」を実感し、とにかくがんばれば、日本も会社も発展した時代です。現在では、少子高齢化が進み、団塊の世代が70代の中盤に突入し、医療費などの社会保障コストの増大が懸念されています。

❷バブル世代（1965〜1969年頃生まれ）の特徴

この世代は、日本がバブル景気に沸き、大量採用期に社会人となった方々です。この時期に「24時間戦えますか？」と高らかに歌い上げるテレビコマーシャルが大ヒットしました。長時間労働に疑問を持たず、接待会食、接待ゴルフなどの勤務時間外も仕事の付き合いをすることが当たり前でした。1986年に男女雇用機会均等法が施行されて、総合職と一般職という言葉が生まれました。現在、多くの会社の経営幹部はこの世代が担っています。

❸就職氷河期世代（1971〜1982年頃生まれ）の特徴

この世代は「失われた世代」「ロストジェネレーション」とも呼ばれる方々です。バブル経済がはじけ、長期の景気後退局面へ突入した時代です。企業が求人を絞ったため、正規社員として就職できず、非正規の仕事しか得られなかった人も多くいます。非正規社員として低賃金のまま、現在30代後半から40代後半となり、社会問題化しています。

❹ゆとり世代（1987〜2004年頃生まれ）の特徴

この世代は、授業時間数の削減など「詰め込み教育からゆとり教育へ」の移行の時代に学齢期を過ごしました。深夜まで働いて残業代を稼ぐよりも、ワークライフバランスを重視するようになりました。学生時代からスマートフォンを使いこなし、横のつながりや「共感」を大切にするという特徴があります。

❺Z世代（1995〜2010年頃生まれ）の特徴

この世代は、マイクロソフトがWindows95を発売し、家庭にインターネットが本格的に普及し始めた時期に生まれました。真の意味でのデジタルネイティブで、ITリテラシーが高く、SNS世界の住人と呼ばれています。彼らはSNSによる情報収集、情報発信、人とのつながりを得意としており、世界人口の32％を占めると言われています。

このように、年代により生きてきた背景や価値観が異なるのです。どちらの世代が正しいか、間違っているかというわけではありません。しかし、この世代間のギャップが社内で軋轢を生んでいるという問題が、多くの企業に内在しています。私は、この世代間の違いを理解し、それぞれの役割を見直して、一体感を高めることが必要だと思っています。**この軋轢の根本にあるのは、世代間の壁も、部門間の壁も、違いを悪いと認識する心理的傾向が原因です。**人間は知らない人を敵とみなす傾向にあると言われています。身内や仲間、同じグループと認識しないと、他者は敵と見てしまうのです。このような状況を改善し、組織内の協力と一体感を高めるためには、以下の点に注意が必要です。

❶**対話と理解**：異なる世代間での対話と理解がベースです。右記のように各世代の背景や価値観を相互に理解し、本音を語り合う場を設けることです。

❷**メンターシップ**：経験豊富な世代から若い世代へのメンターシップを導入することで、知識や経験の共有を促進し、相互理解を深めます。

❸**多様性の尊重**：異なる価値観やアプローチを受け入れ、多様性を組織文化の一部として受け入れることです。性別や人種のみならず、世代間もダイバーシティの範疇と捉えるべきです。

❹**トレーニングと教育**：世代間のコミュニケーションスキルや、共感力を向上させるための教育プログラムの導入も有効です。

❺チームビルディング：異なる世代のメンバーからなるチームを構築し、共同作業やプロジェクトを通じて協力を奨励します。

❻柔軟性と適応力：組織は変化に適応する必要があります。世代を超えた柔軟性と適応力を養うための仕組みを整えます。

以上のように世代間の協力と共感を高めることは、これからの組織づくりにおいて、とても重要なポイントです。異なる価値観と経験を組み合わせ、組織全体の力を最大限に活用することができれば、持続的な成長に繋がるでしょう。

02 「働きやすさ×働きがい」を追求する

この本の中で何度かお伝えしてきました「心理的安全性を高める」ことの重要性について解説します。**(図33)** をご参照ください。心理的安全性とは、「誰にでも気兼ねなく、自分の意見が言えて、自分らしくいられる組織風土」のことです。しかし、このように働きやすい風土だけでは会社は成立しません。会社の目的は業績を上げて成長発展することが前提になります。赤字が続けば会社は倒産します。倒産すれば、世間に迷惑をかけてしまいます。

心理的安全性を高める意義は、この「働きやすさ」を高めると同時に、社員の「働きがい」を追求することです。つまり、心理的安全性が高い組織とは **(図33)** の右上にあるように、働きやすさと働きがいを実現している組織になります。そのためには、適切な目標を掲げて、その達成に向けて組織が一体となることが必要です。適切な目標により社員の

▶図33／心理的安全性と業績基準の相関

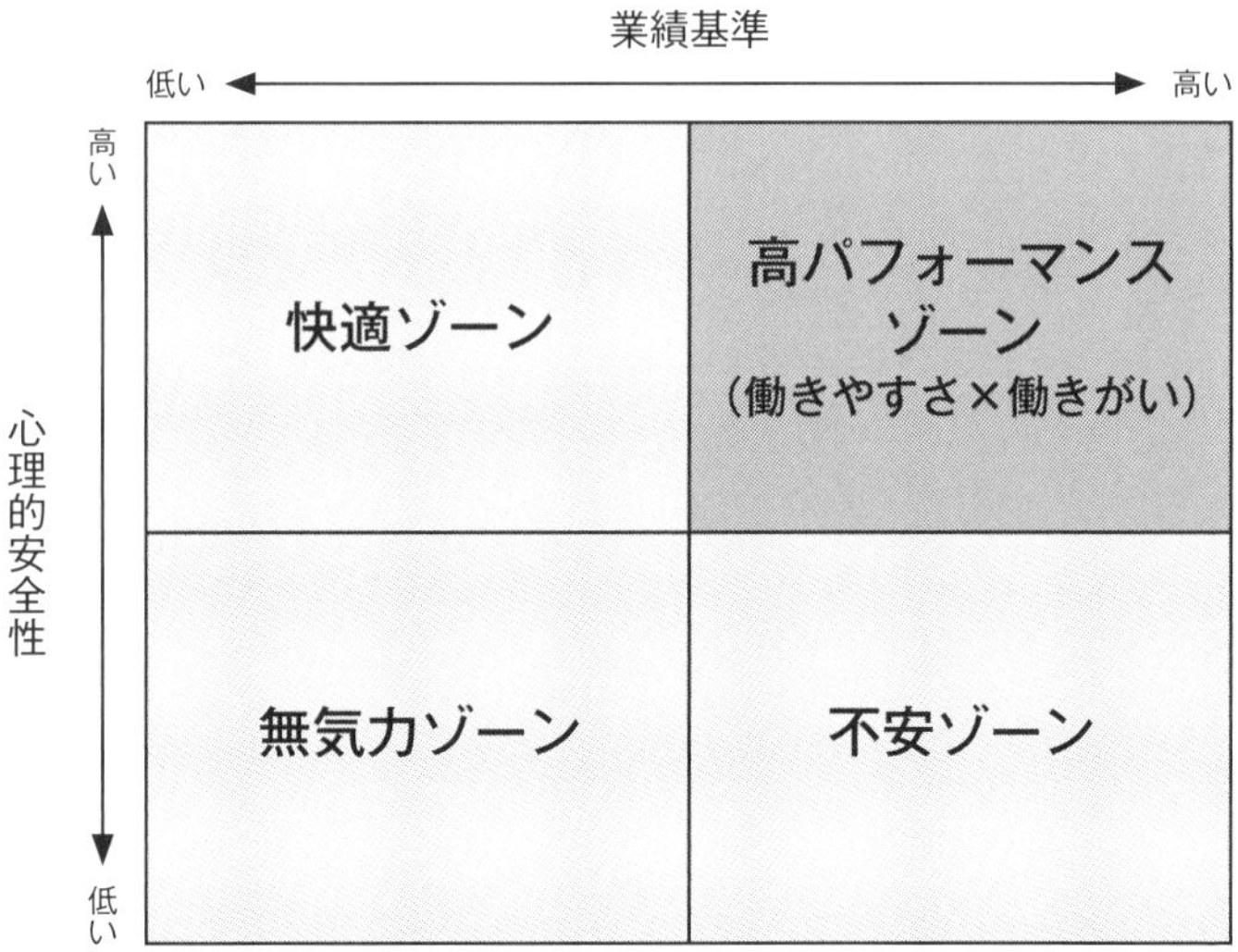

成長を促進し、達成感を味わうことができます。

人間はこの「成長を実感すること」を幸福と感じるのです。働きやすさを求めるだけでは単なる「ぬるま湯」の組織になってしまいます。そのような状態を避けるためにも、同時に働きがいを追求する必要があります。**適切な目標を定めること、**これが働きがいを創出する第一の要因になります。

働きがいを実現するための第二の要因は**目的を明確にすることです。**

(図34)をご参照ください。ここに目的と目標の相関を図に示していま

▶図34／目標とは目的を成し遂げるための道標

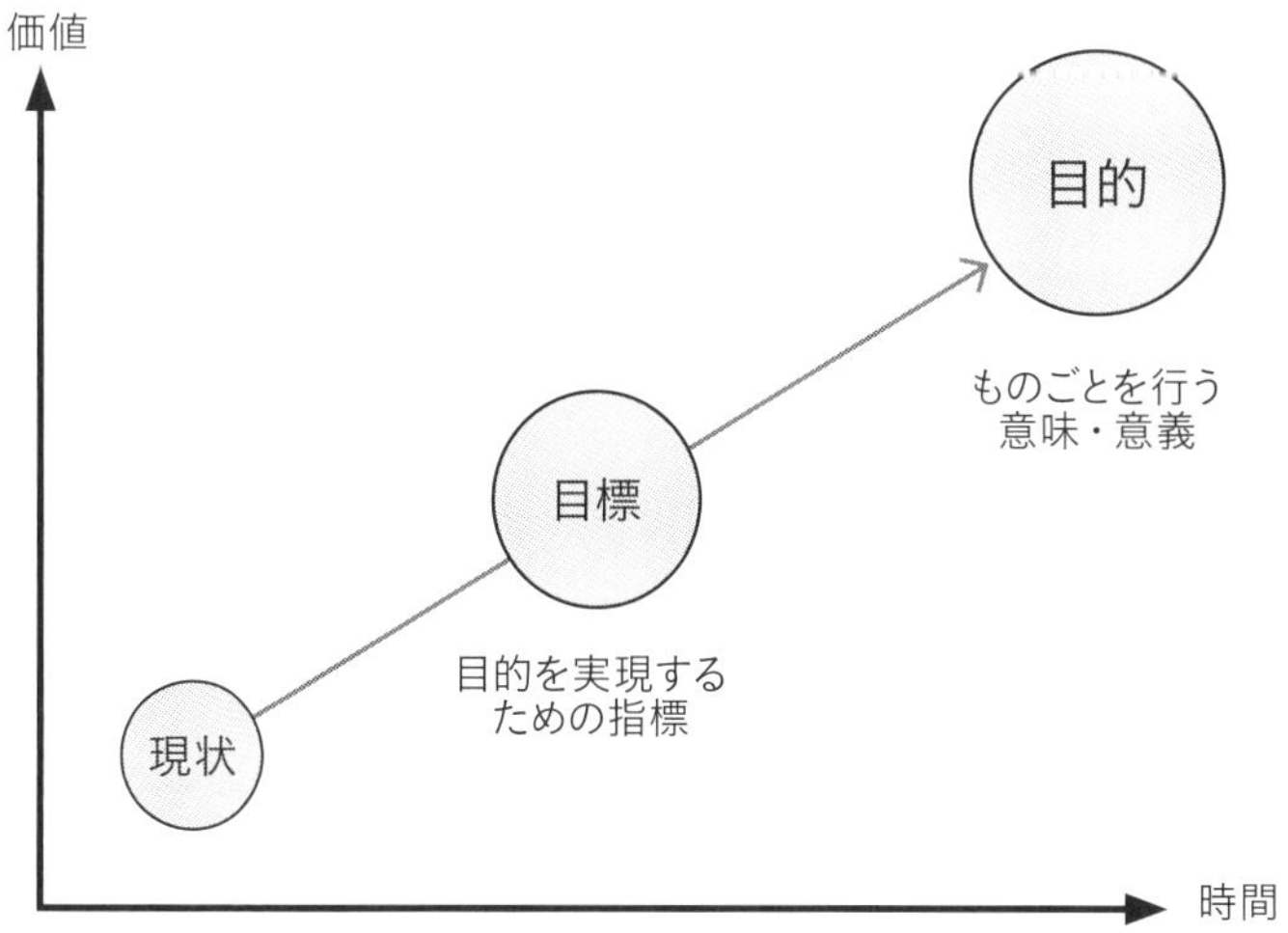

す。Chapter3「コンサルタントの組織変革講義（事業運営構造編）」でも少し説明をしましたが、もしまだ**目的と目標の違いを曖昧に理解している方がいれば、ここで認識を新たにしましょう。目的とは物事を行う意味や意義のことです。目標とは目的を実現するための指標のことです。**

さらに、「何を達成するのか」という目標も大事なのですが、**人は「なぜそれを行うのか」という目的にこそ動機づけられるのです。**昨今、この目的を明確にすることの重要性が高まってきました。経営理念よりも経営目的の優先度が向上してきたのです。人はお金のみならず、社会的に正しいことを行っているかどうかに、これまで以上に関心を寄せるようになりました。

以下はパーパス経営で有名な企業であるパタゴニアの事例です。

パタゴニアはアメリカのカリフォルニア州に本社があり、登山用品、サーフィン用品、アウトドア用品、衣料品の製造販売を行うメーカーです。パタゴニアは「世界で最も責任ある企業」として知られています。そのように認知されるようになったエピソードをご紹介します。

アメリカでは毎年感謝祭の翌日にあたる11月の第4金曜日にブラックフライデーと呼ばれる最大規模のセールが始まります。パタゴニアは2011年、このセールの初日に**（図35）**のような広告をニューヨーク・タイムズ誌に掲載しました。**この広告内容は、ブラックフライデーだからと言って、必要のないものを過剰に買わないようにという警鐘です。**

左側のパタゴニアのジャケットを作るために大量の水と大量の二酸化炭素を排出することが書かれています。それゆえ、自社の製品はこの日は買わないでくださいと広告を出したのです。結果はパタゴニアの意図に反して、売上はさらに30%増加してしまいました。その結果を受けて、翌年はこのセールの期間はパタゴニアの全店を閉めてしまおうという

▶図35／ブラックフライデーの広告

■ニューヨークタイムズの2011年ブラックフライデー版で、パタゴニアは視聴者にジャケットを購入しないように告げる大胆な全ページ広告を公開
■ジャケットの画像の下には、顧客が製品を購入してはいけない理由を詳しく説明したメッセージを掲載
■ジャケットの製造に必要な36ガロンの水（45人の毎日のニーズを満たすのに十分）、排出される20ポンドの二酸化炭素（ジャケットの重量の24倍）、および生成される廃棄物の量を使用する
■ 広告は意図した目的では成功せず、キャンペーン後に売上高は30%増加してしまった
■パタゴニアの使命は「最高の製品を作り、不必要な害を及ぼさず、ビジネスを利用して環境危機を刺激し、解決策を実行すること

案も浮上しました。しかし、どちらにせよ、このセールの期間は売上が上がってしまうので、結局この期間の売上の全額を自然保護団体に寄付することにしたのです。

このパタゴニアの活動はニュースになり、話題になりました。この件についてある雑誌のインタビュアーは創業者シュイナードに「そのような寄付をして会社が潰れたらどうするのですか？」という質問をしました。その質問にイヴォン・シュイナードは、このように答えています。

「私たちはこの地球を守るために活動をしているんです。売上を上げて儲けることなどを目的にしていません。それで潰れるなら仕方ありませんね」

パタゴニアの２０１８年以前の経営目的は以下のものでした。「最高の製品をつくり、環境に与える不必要な悪影響を最小限に抑える。そして、ビジネスを手段として環境危機に警鐘を鳴らし、解決に向けて実行する」。そして、２０１８年には以下のように経営目的を変更しています。「私たちは、故郷である地球を救うためにビジネスを営む」。これは目的を細かく規定するよりも大義を掲げて、それを実現する方法は社員一人ひとりに考えてもらいたいという、創業者の思いが込められています。

03

Z世代の考え方が世界の潮流

全世界の人口の32%を占めるZ世代（1995～2010年生まれ）の方々は、**「購買とはその会社の社会的責任に投票する行為である」**と考えています。彼らは高級品のようなブランドを好みません。コスパを重視し、社会に貢献する事業を支持します。そのような方々が今や世界のマーケットの34%を占めています。

これからの企業は、経営理念と同様に、経営目的を明確に示す必要があります。会社はどこに向かおうとしているのか、どのように社会に貢献しようとしているのか、これらを明確に示すことが重要です。経営目的は単なる利益追求だけでなく、社会的な責任や価値に焦点を当てることが求められます。

このように経営目的の明確化は、顧客や従業員、投資家、そして社会全体との関係を強化し、企業にとって持続可能な成功の鍵となります。透明性や社会的責任の意識を持つ企業は、現代の市場で競争力を維持し、長期的な成長を達成するのに役立ちます。

結局、企業は単なる利益追求のためだけでなく、社会的な使命や価値を実現することが求められ、これが企業価値を上げる要因になります。したがって、経営目的の明確化は、現代のビジネス環境でとても重要な役割を果たしています

パタゴニア以外にも経営目的を掲げ、素晴らしい経営をされている企業があります。代表的な会社を下記にご紹介します。

■ナイキ

「スポーツを通じて世界を一つにし、健全な地球環境、活発なコミュニティ、そしてすべての人にとって平等なプレイングフィールドをつくり出す」

2016年、NFLの試合前の国歌斉唱中に、膝を突いた姿勢で人種差別に抗議したことで解雇された、米プロフットボールNFLの元選手であるコリン・キャパニック氏。キャパニック氏の行動は世界中の論争に発展しましたが、2019年ナイキは同社の30周年キャンペーンで、キャパニック氏を起用した「Dream Crazy」キャンペーンで注目を集めました。一時は批判も相次ぎましたが、次第にキャパニック氏やナイキに共感する人が

増え、この勇気ある行動が称賛されました。

■ソニー

「クリエイティビティとテクノロジーの力で、世界を感動で満たす」

テクノロジーを活用した早期の働き方改革へ取り組みにより、コロナ禍においてもすでに組織の一体化が維持されていました。リモートワークの影響を受けず、「消費者のストレス解消」という社会貢献のもと、予定通りにゲームを発売し、映画も公開されました。コロナパンデミックの真っただ中の2020年度は最高益を達成しています。

■ユニリーバ

「サステナビリティを暮らしの〝あたりまえ〟に」

例えば「シャワーや入浴、洗濯の際に使う水の消費量削減」を目的にした行動見直しプログラムや、トイレの水を流すことなく消毒・消臭が行えるトイレ用スプレーの開発に取り組んでいます。一貫した活動からユニリーバに共感する声は多く、パーパス経営による利益増加に成功しました。

04 オーセンティック・リーダーシップ

❶オーセンティック・リーダーシップとは「自分らしさ」のこと

最後に、昨今のVUCAの時代のリーダーシップとして大変注目されているオーセンティック・リーダーシップをご紹介いたします。オーセンティックとは「本物の」「正真正銘の」「真の」という意味になります。転じて「自分らしさ」という意味で使われています。**つまり、オーセンティック・リーダーシップとは「自分らしいありのまま」のリーダーを意味します**。

2015年1月号のハーバード・ビジネス・レビューでも、「オーセンティックであることが、リーダーシップの王道になった」と結論づけられています。この背景には、時代の変化とともに、働き方やリーダーシップへの考えが変わってきたことも関係しています。これまでは、カリスマ性や影響力、求心力などの要素がリーダーに求められてきました。しかし、日本はバブル崩壊後、失われた30年から40年目を迎えたまま、このVUCAと言われる不透明な時代に突入してしまいました。この先どうなるかは誰にも読めないし、正解を持っていないのです。このような状況下では、むしろこれまでの成功体験が弊害になることもあるでしょう。

一方で、社会のデジタル化が加速し、膨大な情報の渦の中で、リーダーは常に選択を迫られ、意思決定をしていかなければなりません。**もはや、リーダー1人に最適な意思決定を迫るのは不可能だと認識するべきです**。リーダー自身もそろそろ強がりの仮面を外し、本来の自分をさらけ出し、弱みや失敗を見せていく勇気を持つことが必要なのです。

リーダーがそのように自分らしく、嘘偽りのない態度を示すことで、同じようにメンバーも自分らしくいられるようになります。つまり、お互いの自己開示が進むほど、心理的安全性が高まっていきます。

すべての組織には目的と目標があり、その達成が求められます。組織を有機的につなぐためには、やはりリーダーの存在は必須です。そして、そのリーダーの言動や振る舞いがチームのパフォーマンスに影響するのです。心理的安全な場を作るのは、リーダーのあり方にかかっています。

しかし、自分らしさが効果を発揮するためには、いくつかの条件があります。以下、オーセンティック・リーダーシップに必要な能力について解説いたします。

❷オーセンティック・リーダーシップに必要な能力とは何か

オーセンティック・リーダーシップの提唱者の1人であるハーバード・ビジネス・スクールのビル・ジョージ教授は、オーセンティック・リーダーシップには以下の5つの特性を磨く必要があるとしています。

❶自分の目的を理解している

自分の目的を明確に理解しており、モチベーションを高く維持できるような夢や目標を持っている。

❷自分の価値観や倫理観に基づいて行動している

自分の価値観や倫理観をしっかりと理解しており、全体のモチベーションを高められるようなぶれない価値観に基づいた行動ができる。

❸真心を込めて部下をリードできる

部下からの信頼を得られるように、自分が誠意ある姿勢を見せてリードできる。

❹良好な人間関係を築ける

周囲の人々と良好な関係を築き、活気ある環境を作り上げられる。

❺自分を律せる

自分自身を律することができ、常に学ぶ姿勢を持っている。

上記の項目からもわかる通り、オーセンティックとは確かに「自分らしく振る舞う」ことではあります。しかし、自分の弱さをさらけ出すと同時に、明確な目的と目標を掲げ、その実現に向けてメンバーを導くという両面を目指すことでもあります。そのためには、リーダーの透明なあり方こそがメンバーから信頼され、メンバーを動かす動機になります。

そして、オーセンティック・リーダーシップとは「自分らしさを貫くリーダーシップ」とも定義されます。「自分らしさ」は自分勝手とは違います。心理的安全性を高め、リーダーが自分らしくいるだけでは、生ぬるい組織になるだけです。その土台をベースに、顧客や社会へ貢献するという志がメンバーを導きます。

したがって、オーセンティック・リーダーシップの能力を高めることは非常に重要です。ハーバード・ビジネス・スクールのビル・ジョージ教授が示した５つの特性を磨くことは、リーダーが自分らしさを貫きながら、チームや組織を成功に導くための重要な要素になります。

最後に、**自分らしさを大切にし、他のメンバーとの信頼関係を築くことが、今日のＶＵＣＡの時代におけるリーダーシップにとって不可欠である**ことを強調したいと思います。

まとめ
会社を動かす"テコ"の原理

本書の狙いは、実際のコンサルティング事例を引用し、現場のリアルを感じて頂きながら、組織を変革するための要諦をご理解いただくことでした。いわば「会社を動かす〝テコ〟の原理」についてお伝えすることなのですが、それは以下の方程式でご説明できます。

「会社を動かすテコの原理」＝「心理的安全性」×「集団的知性」

心理的安全性とは「働きやすさ×働きがい」のことです。そして、心理的安全性が高まると集団的知性が高まります。つまり、心理的安全性を高める目的は集団的知性を高めることにあります。さらに、集団的知性を高める目的は、会社の目的をダイナミックに実現することに他なりません。会社の目的は社員の働きがいを喚起し、社会に貢献することを明確に宣言すべきです。これを表現すると以下の方程式になります。

「会社を動かすテコの原理」＝「働きやすさ×働きがい」×「個の総和を凌駕するチーム力」×「パーパス（目的）経営」

そして、これらの方程式の原点は「本音で語る」ことに帰結します。人も組織も、建前の仮面を脱ぎ、本音を語りましょう。「ブレない」とは本当の自分でいることです。本当の自分でいるからこそ、パワーが発揮されます。そして、本当の自分でいることで、人は幸せになれます。自分が幸せであれば、周囲の人も幸せになります。しかし、人生の目的は「幸せになる」ことではありません。「幸せであること」です。幸せを求める必要はありません。幸せはいつも自分の中にあります。他人は関係ありません。すべてを引き受けるならば、自由になります。自由＝幸福です。自分の人生を引き受けましょう。

最後に、ビジネス界に最も影響力のある経営思想家、ピーター・F・ドラッカーの言葉を贈ります。

「自ら果たすべき貢献からスタートするとき、人は自由になる。責任を持つがゆえに自由になる」

おわりに

本書を最後までお読み頂き、ありがとうございました。冒頭で申し上げましたが、この本は私が駆け出しのコンサルタントだった頃に読みたかった内容です。右も左も分からずに、覚えたての知識を振り回して、なかなか成果が上がらなかった自分に、今の自分から伝えたいメッセージとして書きました。

知識だけでは人は動きません。**組織の心の生態系を洞察しながら、メンバーの心に揺らぎを起こすことが必要です**。このことを理解することが、コンサルタントとして高みへ登る転換点だと伝えたかったのです。

コンサルタントを目指す若手が増えているといいます。私はコンサルタントを志す人がもっと増えてほしいと願っています。なぜなら、自分の身体のことは自分では分かりません。組織の問題も、内部から見ている限り、見えないのです。外国人からは日本人の良さがよく見えます。日本人は、日本人の悪い所ばかりが目についてしまいます。

組織を変革するには、問題を発見し、強みを活かすことが必要です。それができるのが、外部であるコンサルタントなのです。ただ、私は大手外資系のコンサルタントの出身ではありません。泥臭い現場を歩き、あちこちで頭をぶつけながら、自分流に体得してきたノウハウです。多少セオリーから外れているかもしれませんが、今の私が自信を持ってお伝えできることを書き記しました。

出身やキャリアに関係なく、コンサルタントを生業にすることはできるという姿をみなさんには見てほしいと思います。コンサルタントは誰でもなることができます。そのためには、沢山学び、沢山失敗して、組織の本質を見る目を養うことだと思います。かくいう私もまだまだ発展途上で、学ばなければならないことは沢山あります。

一旦これまでのコンサル人生を振り返り、かつての自分へ本書を捧げたいと思います。そして本書が読者の皆様にとって、少しでもお役に立てたなら、大変嬉しく思います。

最後になりましたが、本書の企画にご賛同頂き、出版にご尽力頂きましたスタンダーズ株式会社の河田周平様に深く感謝を申し上げます。

本書の事例となった組織変革プロジェクトでは、現場で起こった様々な問題に対して、共に向き合い、成果創出に貢献してくれたパートナーの塩田勝久さんに感謝を致します。

また、いつも適切にガイドしてくれる羽田理恵子さんに感謝します。

最後に、既に他界した父と母にこの本を捧げます。

日本がこの閉塞感を打破し、ふたたび世界に光を照らす国になることを願います

２０２３年10月

仁科雅朋

仁科雅朗 Masatomo Nishina

組織変革コンサルタント／株式会社ジーンパートナーズ代表
1966年、東京都町田市生まれ。中央大学法学部卒。

大学卒業後、味の素（株）に入社。当時から自部門のみならず他部門の問題について相談を受けることが多く、後により多くのビジネスパーソンや組織の問題解決を支援したいという思いが加速し、コンサルタントに転身。

業績の良い組織は何が違うのかを徹底的に分析し、「明確な目標と戦略のもとに、チームでPDCAを高速化させれば、業績は必ず向上する」ことを実証。以後20年間、20億から1兆円を超える大企業を指導し、関わったすべてのクライアントの業績を向上させてきた。「いつでも、どんな組織でも輝かしい業績を上げることはできる」をモットーに全国を飛び回り、日々多くの企業に意識改革と組織革新を起こしている。

著書に『「グチ活」会議 〜社員のホンネをお金に変える技術』（日本経済新聞出版）、『心理的安全性がつくりだす組織の未来』（産業能率大学出版部）などがある。

◎株式会社ジーンパートナーズ
https://jeanpartners.com/

［出版コーディネート］小山睦男（インプルーブ）

［カバー・本文デザイン］植竹 裕（UeDesign）

［DTP・図版作成］西村光賢

［イラスト］emma ／ PIXTA

組織改革のプロ・コンサルが教える
会社が生まれ変わる5時間授業

2023年12月31日　初版第1刷発行

著者　仁科雅朋
編集人　河田周平
発行人　佐藤孔建
印刷所　中央精版印刷株式会社
発行　スタンダーズ・プレス株式会社
発売　スタンダーズ株式会社
〒160-0008
東京都新宿区四谷三栄町12-4　竹田ビル3F
営業部　Tel.03-6380-6132　Fax.03-6380-6136
https://www.standards.co.jp/